Khaled CHATTI

Le consensus dans les réseaux ad hoc

Khaled CHAIT

Le consensus dans les réseaux ad hoc

hoc

Approche hiérarchique

Éditions universitaires européennes

Mentions légales/ Imprint (applicable pour l'Allemagne seulement/ only for Germany)

Information bibliographique publiée par la Deutsche Nationalbibliothek: La Deutsche Nationalbibliothek inscrit cette publication à la Deutsche Nationalbibliografie; des données bibliographiques détaillées sont disponibles sur internet à l'adresse http://dnb.d-nb.de.
Toutes marques et noms de produits mentionnés dans ce livre demeurent sous la protection des marques, des marques déposées et des brevets, et sont des marques ou des marques déposées de leurs détenteurs respectifs. L'utilisation des marques, noms de produits, noms communs, noms commerciaux, descriptions de produits, etc, même sans qu'ils soient mentionnés de façon particulière dans ce livre ne signifie en aucune façon que ces noms peuvent être utilisés sans restriction à l'égard de la législation pour la protection des marques et des marques déposées et pourraient donc être utilisés par quiconque.

Photo de la couverture: www.ingimage.com

Editeur: Éditions universitaires européennes est une marque déposée de Südwestdeutscher Verlag für Hochschulschriften GmbH & Co. KG
Dudweiler Landstr. 99, 66123 Sarrebruck, Allemagne
Téléphone +49 681 37 20 271-1, Fax +49 681 37 20 271-0
Email: info@editions-ue.com

Produit en Allemagne:
Schaltungsdienst Lange o.H.G., Berlin
Books on Demand GmbH, Norderstedt
Reha GmbH, Saarbrücken
Amazon Distribution GmbH, Leipzig
ISBN: 978-613-1-56826-8

Imprint (only for USA, GB)

Bibliographic information published by the Deutsche Nationalbibliothek: The Deutsche Nationalbibliothek lists this publication in the Deutsche Nationalbibliografie; detailed bibliographic data are available in the Internet at http://dnb.d-nb.de.
Any brand names and product names mentioned in this book are subject to trademark, brand or patent protection and are trademarks or registered trademarks of their respective holders. The use of brand names, product names, common names, trade names, product descriptions etc. even without a particular marking in this works is in no way to be construed to mean that such names may be regarded as unrestricted in respect of trademark and brand protection legislation and could thus be used by anyone.

Cover image: www.ingimage.com

Publisher: Éditions universitaires européennes is an imprint of the publishing house Südwestdeutscher Verlag für Hochschulschriften GmbH & Co. KG
Dudweiler Landstr. 99, 66123 Saarbrücken, Germany
Phone +49 681 37 20 271-1, Fax +49 681 37 20 271-0
Email: info@editions-ue.com

Printed in the U.S.A.
Printed in the U.K. by (see last page)
ISBN: 978-613-1-56826-8

LE CONSENSUS DANS LES RÉSEAUX AD HOC
APPROCHE HIÉRARCHIQUE

Mémoire de fin de cycle
Présenté pour obtenir le diplôme d'Ingénieur d'État en Génie Informatique
Option : Systèmes Parallèles et Distribués
À la Faculté des Sciences Exactes
Université Abderrahmane MIRA de Béjaïa

Par

Khaled CHAIT

Sous la direction de **Hamouma MOUMEN**, **Mustapha SAADI**

Soutenu le 23 Juin 2008 devant le jury composé de :

Président	**Ali BELMEHDI**	*Professeur, Université de Béjaïa*
Rapporteur	**Hamouma MOUMEN**	*Maître assistant, Université de Béjaïa*
Examinateur	**Rachid BEGHDAD**	*Maître de conférences, Université de Béjaïa*
Examinateur	**Lachemi KHENOUS**	*Maître assistant, Université de Béjaïa*

À mes très chers parents dont la fortune est l'amour

À Riad, Radia et ma princesse Sara

À ma belle fleur pour qui mon cœur flanche

Remerciements

Je remercie tous ceux qui m'ont aidé à mener à bien mon mémoire. D'abord, je pense à mon promoteur, Monsieur Hamouma MOUMEN qui, par ses conseils, m'a permis d'avoir les bonnes idées tout en me laissant indépendant dans plusieurs choix. Tout au long du travail, il a surtout toujours pu trouver les mots justes pour me motiver et me pousser à aller plus loin. Je tiens à remercier aussi mon co-promoteur Monsieur Mustapha SAADI.

Mes remerciements vont également aux membres de jury d'avoir accepté de juger mon modeste travail. J'adresse mes très sincères remerciements à Monsieur Ali BELMEHDI, Professeur à l'université de Béjaïa, qui me fait l'honneur de présider le jury. Je souhaite aussi exprimer toute ma gratitude à Messieurs Rachid BEGHDAD, Maître de conférences à l'université de Béjaïa et Lachemi KHENOUS, Maître assistant à l'université de Béjaïa, de m'avoir fait le plaisir et l'honneur de juger mon travail. Je les remercie pour leurs critiques et suggestions.

Je tiens à exprimer ma profonde gratitude à tous les professeurs qui ont contribué à ma formation, toute personne m'a un jour appris quelque chose.

Enfin ma famille : mes très chers parents, mon frère et mes sœurs, ont, plus que toute autre personne, infléchi ma façon de penser, et l'assurance de leur affection m'a soutenu en permanence. Ce travail est ainsi le fruit de leur influence et de leur soutien.

Je ne peux oublier de remercier tous mes amis qui m'ont aidé à persévérer grâce à leurs encouragements et leur présence. Je pense particulièrement à Kamaladine, Mounir, Bilal, Khireddine, Amine et Yacine. Ainsi que tous ceux qui ont contribué de près ou de loin à la réalisation de ce modeste travail.

Résumé

L e développement rapide des protocoles de communication sans fil a permis la généralisation de nouveaux réseaux locaux ad hoc principalement caractérisés par leur topologie dynamique. L'objectif général est de concevoir des algorithmes permettant de maintenir la cohérence d'un groupe d'entités hétérogènes partageant des services sur de telles architectures fortement dynamiques. La problématique concerne donc la prise de décision en environnement distribué en considérant les particularités du réseau sous-jacent. Cependant, dans ce contexte (système asynchrone où les processus peuvent subir des défaillances définitives), nous sommes confrontés au résultat d'impossibilité de réalisation du consensus de FISCHER, LYNCH et PATERSON.

Permettant la prise de décision répartie, le consensus est un problème d'accord, offrant la possibilité à un ensemble de processus de s'accorder sur une valeur commune choisie parmi les valeurs initialement proposées. Ce mémoire fait une étude sur le problème du consensus dans les réseaux ad hoc, en passant par sa définition d'origine dans les systèmes distribués. Un protocole appelé HCP (Hierarchical Consensus protocol) est la solution proposée pour résoudre le problème du consensus dans les réseaux ad hoc. Ce protocole se base sur l'utilisation des détecteurs de défaillances non fiables.

Mots-clés : Consensus, Systèmes distribués asynchrones, Réseaux ad hoc, Défaillances, Détecteurs de défaillances non fiables.

Abstract

The fast development of the wireless communication protocols permitted the generalization of new ad hoc local networks mainly characterized by their dynamic topology. The general objective is to conceive algorithms permitting to maintain the consistency of a group of heterogeneous entities sharing some services on such greatly dynamic architectures. The problematic concerns therefore the decision making in distributed environment while considering the particularities of the underlying network. However, in this context (asynchronous system where the processes can undergo definitive failures), we are confronted to the result of impossibility of realization of the consensus of FISCHER, LYNCH and PATERSON.

Permitting the distributed decision making, the consensus is an agreement problem, offering the possibility to a set of process to agree on a common value chosen among the initially proposed values. This memory makes a survey on the problem of the consensus in the ad hoc networks, while passing by its definition of origin in the distributed systems. A protocol named HCP (Hierarchical Consensus protocol) is the solution proposed to solve the problem of the consensus in the ad hoc networks. This protocol is based on the use of unreliable failure detectors.

Keywords : Consensus, Asynchronous distributed systems, Ad hoc networks, Failures, Unreliable failure detectors.

Table des matières

Liste des figures

Liste des abréviations

AODV	:	Ad hoc On demand Distance Vector
CBRP	:	Cluster Based Routing Protocol
CPU	:	Central Processing Unit
DARPA	:	Defense Advanced Research Project Agency
GST	:	Global Stabilization Time
HCP	:	Hierarchical Consensus Protocol
IETF	:	Internet Engineering Task Force
MANET	:	Mobile Ad hoc NETwork
MH	:	Mobil Host
MPR	:	Multipoint Packet Radio
MSS	:	Mobil Support Station
NASA	:	National Aeronautics and Space Administration
OLSR	:	Optimized Link State Routing
PC	:	Personal Computer
PDA	:	Personal Digital Assistant
PRNet	:	Packet Radio Network
RAM	:	Random Access Memory
RFC	:	Request For Comment
ZRP	:	Zone Routing Protocol

INTRODUCTION
GÉNÉRALE

Au vue de l'augmentation constante du nombre d'ordinateurs, de la masse de données, de la profusion de logiciels, l'évolution de l'informatique passe par le partage des ressources. Par exemple, le partage de la puissance de calcul permet de mener à terme plus rapidement les calculs longs et complexes de la génomique. Ces ressources étant réparties sur un réseau, le partage se fait par l'élaboration d'un système les gérant de façon cohérente. Le type de systèmes le plus connu est le système dit centralisé : la gestion du système est assuré par une seule machine appelée maître et les autres machines sont, par opposition, appelés esclaves. Même si la réalisation d'un tel système est assez aisée et facile à déployer, il n'est pas très fiable : la panne du maître anéantit le système, de plus, le passage à l'échelle est restreint (une augmentation des esclaves entraîne une surcharge du maître). Pour pallier ces défauts, d'autres systèmes ont été étudiés (comme par exemple les systèmes peer-to-peer ou encore les grilles de calcul). Ils font partie de la catégorie des systèmes dits répartis ou distribués, c'est-à-dire les systèmes dont la gestion n'est pas déléguée à une seule machine mais à un ensemble de machines.

Quel meilleur exemple que celui d'Internet pour décrire un système distribué ?
Il s'agit d'une collection d'entités autonomes qui communiquent et coopèrent, permettant ainsi l'existence d'une communauté aux caractéristiques particulières. Les exemples de systèmes distribués sont omniprésents : Internet, mais aussi tous réseaux physiques de machines tels que les réseaux locaux, réseaux d'entités mobiles (téléphones, PDAs, ordinateurs, etc.), formant un ensemble communément appelé système distribué ou réparti.

1

Domaine de recherche à part entière mais aussi à la périphérie de nombreux domaines connexes, les systèmes distribués ont une large définition qui englobe toute interconnexion d'entités hétérogènes qui communiquent entre elles et coopèrent pour une plus grande efficacité et tout en maintenant une cohérence globale du système. Le maintien de la cohérence d'un groupe d'entités totalement distribué passe par la mise en place d'outils permettant la prise de décisions au sein du groupe. L'objectif fondamental est donc de fournir aux entités mises en jeu le moyen de coordonner leurs actions ou de s'accorder sur une ou plusieurs valeurs partagées malgré les aléas de l'environnement considéré. En algorithmique distribuée tolérante aux pannes, différents problèmes d'accords (consensus, élections, exclusions mutuelles, etc.) concourent à atteindre cet objectif.

Les systèmes distribués basés sur des technologies sans fil sont des systèmes distribués bien particuliers. En effet, bien que partageant les mêmes principes de base que les systèmes distribués dits classiques (communications filaires), les systèmes distribués construits grâce à une ou plusieurs technologies sans fil présentent d'autres particularités. Ainsi, en plus de devoir prendre en compte les différents aspects de "mobilité", ces *nouveaux* systèmes distribués doivent également s'adapter aux contraintes introduites par l'utilisation d'un protocole de communication sans fil.

Ces dernières années ont été témoins de l'intérêt grandissant pour le nouveau concept de l'informatique mobile. En effet, motivé essentiellement par le développement important et la multiplication des équipements mobiles (PDAs, ordinateurs portables, téléphones, etc.), et principalement leur miniaturisation, ce besoin de mobilité a déclenché l'évolution des réseaux et a permis aux technologies sans fil de voir le jour. Aussi de nombreux travaux de recherche s'orientent vers la gestion de la mobilité dans leur environnement ou se focalisent sur le traitement des spécificités des environnements mobiles et sans fil. L'émergence de ces technologies sans fil a permis le développement de nouveaux types de réseaux basés sur l'utilisation des protocoles sans fil. Ces nouveaux réseaux diffèrent en plusieurs points des réseaux filaires classiques et possèdent chacun leurs propres spécificités.

Également qualifiés de réseaux spontanés, les réseaux ad hoc sans fil consistent en une collection d'entités éventuellement hétérogènes et mobiles qui peuvent communiquer entre elles via une ou plusieurs interfaces réseau. Les différentes entités composant un réseau ad hoc sont toutes indépendantes entre elles, et aucune n'a pour vocation la gestion du réseau *lui-même*. A savoir l'existence du réseau ad hoc n'est soumise à aucune forme de centralisation. L'étude de ces réseaux a donné lieu à de nombreux travaux dont notamment ceux menés par le groupe de recherche MANET de l'IETF. Un exemple type de ces réseaux est donné par le protocole sans fil 802.11 qui propose deux modes de fonctionnement dont un mode de type ad hoc.

Beaucoup de travaux de recherche abordent les nouvelles problématiques introduites par les environnements mobiles sous diverses approches à la fois compétitives et complémentaires. Ainsi, dans un environnement réparti affichant ce type de contraintes, l'évolution cohérente des entités du système nécessite la mise en œuvre d'algorithmes répartis permettant la résolution de problèmes d'accord. Parmi les différents problèmes d'accord existants, la littérature a porté un grand intérêt au problème de la résolution de consensus en environnement distribué. Ceci se justifie par le fait que l'algorithme de consensus apparaît comme le dénominateur commun entre tous ces problèmes d'accord, les différents problèmes d'accord pouvant d'une manière ou d'une autre être ramenés à un problème de consensus. Le principe commun de ces problèmes de décision réside dans le fait que toutes les entités d'un ensemble réparti puissent s'accorder sur une valeur commune et ce de façon irréversible. Permettant la prise de décision répartie, le consensus est un problème d'accord, offrant la possibilité à un ensemble de processus de s'accorder sur une valeur commune choisie parmi les valeurs initialement proposées.

La spécification présentée précédemment peut être envisagée dans les deux modèles de systèmes principaux : les systèmes synchrones et les systèmes asynchrones. Cependant, dans un système asynchrone, d'une part les spécifications du consensus, et d'autre part les propriétés attribuées à ce type de systèmes, nous confrontent au résultat d'impossibilité défini par FISCHER, LYNCH et PATERSON [FLP85]. En effet, ce résultat montre qu'un consensus n'est pas réalisable de façon déterministe dans un système asynchrone soumis à des défaillances franches de processus, même si le système n'est soumis qu'à une seule panne et que les messages sont acheminés de façon fiable. De manière intuitive, ce résultat d'impossibilité est justifié par le fait qu'il est impossible de distinguer un processus lent d'un processus en panne, lorsque l'on ignore les vitesses d'exécution des processus et les délais de transmission des messages. Ainsi, une des principales difficultés rencontrées dans le domaine de l'algorithmique distribuée tolérante aux pannes concerne ce résultat d'impossibilité dans un environnement asynchrone puisqu'il empêche la résolution de nombreux problèmes d'accord dans de tels environnements.

La résolution du consensus dans un système distribué de type réseau ad hoc est plus complexe. En effet, à la différence des réseaux traditionnels (i.e. câblés), où les processus ont connaissance de la topologie du réseau et de tous les autres participants, dans un environnement auto-organisé (réseau ad hoc) sans autorité centralisée, le nombre et l'identité des processus participants ne sont pas connus initialement. Cependant, même dans un environnement classique, quand les entités fonctionnent de manière asynchrone, le consensus ne peut être résolu si l'un des participants peut crasher [FLP85]. Dès lors, résoudre le consensus sans connaitre les participants est encore plus difficile.

Organisation du mémoire

Ce mémoire est organisé en quatre chapitres comme suit : Le premier chapitre présente un aperçu général sur les réseaux ad hoc, leurs origines, avantages, ainsi que leurs caractéristiques et limitations. Quelques protocoles de routage ont été aussi décrits du fait de leur importance dans les réseaux ad hoc et des nombreux problèmes liés aux caractéristiques de ce type de réseaux telles que les changements fréquents de topologie, la consommation de bande passante limitée, ainsi que d'autres facteurs. Le deuxième chapitre donne une définition du problème de consensus dans les systèmes distribués. D'abord, par une introduction aux concepts de systèmes distribués et aux problèmes d'accord. Une grande partie de ce chapitre discute le problème du consensus, ses différentes extensions et l'important résultat d'impossibilité ainsi que les différentes voies envisagées pour contourner cette impossibilité et résoudre le consensus. Le troisième chapitre détaille un protocole de résolution du consensus dans les réseaux ad hoc qui ne sont que des systèmes distribués particuliers. Le protocole HCP présenté dans le troisième chapitre, a été simulé dans le quatrième chapitre qui représente la partie pratique de ce mémoire.

4

CHAPITRE **1**

LES RÉSEAUX AD HOC

1.1 Introduction

Durant la dernière décennie, les réseaux cellulaires et le réseau Internet ont grandement et rapidement évolués. Depuis l'apparition et le grand succès commercial de la téléphonie cellulaire, le développement d'équipements mobiles n'a cessé de prendre de l'importance. Grâce aux assistants personnels et aux ordinateurs portables, l'utilisateur devient de plus en plus nomade. Dans un tel contexte il n'est pas surprenant de voir apparaître des solutions de communication sans fil de plus en plus performantes surtout avec l'évolution des équipements et la réglementation du spectre radio, ce qui a permis de mettre en place des architectures variées de réseaux mobiles reposant sur différentes technologies radio.

Les appareils de communication sans fil se sont diversifiés et il n'est pas rare de rencontrer des utilisateurs simultanés de téléphones portables, d'ordinateurs portables et d'assistants personnels portables. Des efforts importants ont été portés sur la miniaturisation de ces équipements potables qui peuvent atteindre des tailles minuscules de quelques millimètres. Il est donc de plus en plus aisé de transporter ces équipements, ce qui incite les utilisateurs à vouloir accéder à leurs données ou à des informations nécessaires n'import où et à n'importe quel instant.

Actuellement, les applications mobiles les plus demandées sont la connexion réseau et les services de données associés. Une telle connexion et très souvent réalisée par un réseau sans fil basé sur une infrastructure fixe, le principe de cette architecture est que l'équipement sans fil se connecte à un point d'accès du réseau via une communication sans fil, puis le reste de la connexion s'effectue sur l'infrastructure filaire du réseau. Pour que l'utilisateur mobile puisse se connecter au réseau, il doit se trouver dans la zone de communication d'un des points d'accès du réseau, appelée aussi zone de couverture. Pour permettre une connexion réseau sur une géographie étendue, la mise en place d'une infrastructure fixe conséquente est nécessaire avec le placement d'un nombre important de points d'accès. Cette réalisation est coûteuse en dimensionnement, en matériel, en configuration et en temps.

Une solution pour remédier à toutes ces limitations est d'utiliser des réseaux sans infrastructure fixe. Dans ce cas la portée de transmissions des équipements sans fil détermine les terminaux qui peuvent communiquer directement les uns avec les autres, ce qui définit la structure du réseau, la communication doit aussi être possible entre les terminaux non a porté directe, ce qui impose que les mobiles soient capables de relayer les paquets. Ce réseau est capable de s'auto-initialiser et s'auto-configurer a l'issue des mouvements des mobiles sans aucune intervention humaine. Un tel réseau est appelé un *réseau ad hoc*. Un exemple de ce réseau est représenté par la figure 1.1.

1.2 Les réseaux ad hoc

1.2.1 Définition et propriétés

Les réseaux ad hoc sont donc des réseaux sans fil formés par des personnes ou des appareils, appelés *nœuds*, qui communiquent entre eux sans passer par une autre infrastructure quelle qu'elle soit et sans que ces communications nécessitent une administration centrale. Les appareils en question peuvent être aussi variés que des ordinateurs, des PDA, des téléphones mobiles, des télévisions, etc. Chaque nœud du réseau est équipé d'une interface radio, qui peut être différente d'un nœud à l'autre : Bluetooth™, Wifi, UWB, ..., et reste libre d'intégrer ou de quitter le réseau. A condition qu'il y ait suffisamment de nœuds dans une zone, le réseau s'adapte spontanément, pour répondre à un besoin, d'où la terminologie ad hoc (en latin : *pour cela*) et se configure de façon complètement autonome et dynamique en fonction des possibilités de connexions existantes.

Même si l'exemple peut paraître simpliste, échanger des données entre plusieurs PC connectés par une liaison infrarouge consiste à créer un réseau ad hoc fixe. Lorsque les nœuds du réseau ad hoc sont mobiles, on parle de MANET. Si cette définition implique l'utilisation des réseaux ad hoc en mode isolé, il est possible d'obtenir d'autres services comme Internet en ajoutant à ces réseaux des points d'accès a l'Internet.

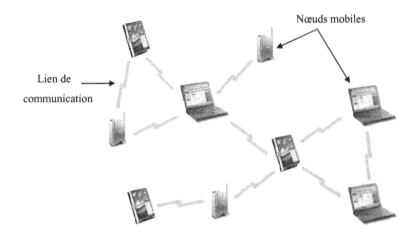

Figure 1.1 : Un réseau ad hoc

Le groupe MANET de l'IETF fournit une définition plus précise en introduction de la RFC 2501: «Un réseau ad hoc comprend des plates-formes mobiles (par exemple, un routeur interconnectant différents hôtes et équipements sans fil) appelées nœuds qui sont libres de se déplacer sans contrainte. Un réseau ad hoc est donc un système autonome de nœuds mobiles. Ce système peut fonctionner d'une manière isolée ou s'interfacer à des réseaux fixes au travers de passerelles. Dans ce dernier cas, un réseau ad hoc est un réseau d'extrémité» [CM99].

1.2.2 Origines militaires et applications civiles

Les premières recherches sur les réseaux ad hoc ont démarré dans les années 60 au sein de la DARPA qui est un organisme de l'armée américaine, il initie en 1973 un projet de recherche sur la technique de commutation de paquets dans les environnements sans fil, le projet va se baser sur la radio par paquets développée à l'université d'Hawaï au sein du projet ALOHA dans les années 1970. Initialement, ce système permettait d'envoyer des paquets de données à un saut radio en utilisant la caractéristique de diffusion du médium radio, le développement du réseau radio par paquets (appelé par la suite PRNet) a permis les communications radio multisauts sur un espace géographique étendu, nous reviendrons sur le détaille des principes fondamentaux des PRNet dans un autre paragraphe du présent chapitre.

L'armée visait alors le déploiement rapide de systèmes de communication dans des zones difficiles telles que champs de bataille ou lieux de catastrophes naturelles (mise en place d'un hôpital de campagne, par exemple).

Les applications qui sont alors envisagées pour les réseaux ad hoc sont celles qui nécessitent une rapidité de mise en place : réseaux militaires, réseaux d'urgence et réseaux temporaires d'exposition ou correspondant à un événement particulier (opérations de secours, missions d'exploration, enseignement à distance, etc.). Dans cette même veine mais plus futuriste, la NASA développe un système de communications Wifi ad hoc pour des véhicules d'exploration de Mars.

1.2.3 Avantages

Les réseaux ad hoc ont plusieurs avantages : Ils permettent une très grande mobilité et ils ne nécessitent aucune installation comme le câblage et la configuration. Ils sont donc très flexibles, rapides de mise en place, simples d'utilisation et dotés aussi d'une indépendance, technique et commerciale, vis à vis de points d'accès et d'une robustesse de par une conception qui se veut évolutive et dynamique et adaptée intrinsèquement à la mobilité.

1.2.4 Caractéristiques et limitations

Les réseaux ad hoc se caractérisent principalement par ce qui suit :

➤ **Absence d'infrastructure :** Les réseaux ad hoc se distinguent des autres réseaux mobiles par la propriété d'absence d'infrastructures préexistante et de tout genre d'administration centralisée. Les hôtes mobiles sont responsables d'établir et de maintenir la connectivité du réseau d'une manière continue.

> **Mobilité :** La mobilité des nœuds constitue à l'évidence une caractéristique très spécifique des réseaux ad hoc. Cette mobilité est essentielle au fonctionnement du réseau. Dans un réseau ad hoc, la topologie du réseau peut changer rapidement, de façon aléatoire et non prédictible et les techniques de routage des réseaux classiques, basées sur des routes préétablies, ne peuvent plus fonctionner correctement.

> **Equivalence des nœuds du réseau :** Dans un réseau classique, il existe une distinction nette entre les nœuds terminaux (stations, hôtes) qui supportent les applications et les nœuds internes (routeurs par exemple) du réseau, en charge de l'acheminement des données. Cette différence n'existe pas dans les réseaux ad hoc car tous les nœuds peuvent être amenés à assurer des fonctions de routage.

> **Liaisons sans fil :** Les technologies de communication sans fil sont indispensables à la mise en place d'un réseau ad hoc. Malgré des progrès très importants, leurs performances restent et resteront en deçà de celles des technologies des réseaux filaires. La bande passante est moins importante, alors que le routage et la gestion de la mobilité génèrent davantage de flux de contrôle et de signalisation que dans une architecture de réseau filaire. Ces flux doivent être traités de façon prioritaire pour prendre en compte rapidement les modifications de topologie.

> **Autonomie des nœuds :** La consommation d'énergie constitue un problème important pour des équipements fonctionnant grâce à une alimentation électrique autonome par des sources d'énergie autonomes comme les batteries ou les autres sources consommables. Ces équipements intègrent des modes de gestion d'énergie et il est important que les protocoles mis en place dans les réseaux ad hoc prennent en compte ce problème.

> **Vulnérabilité :** Les réseaux sans fil sont par nature plus sensibles aux problèmes de sécurité que les réseaux filaires classiques. Pour les réseaux ad hoc, le principal problème ne se situe pas tant au niveau du support physique mais principalement dans le fait que tous les nœuds sont équivalents et potentiellement nécessaires au fonctionnement du réseau [JP03].

> **Bande passante limitée :** Une des caractéristiques primordiales des réseaux basés sur la communication sans fil est l'utilisation d'un médium de communication partagé (ondes radio). Ce partage fait que la bande passante réservée à un hôte soit modeste.

➢ **Erreur de transmission :** Les erreurs de transmission radio sont plus fréquentes que dans les réseaux filaires.

➢ **Interférences :** Les liens radios ne sont pas isolés, deux transmissions simultanées sur une même fréquence ou, utilisant des fréquences proches peuvent interférer [LAO02].

➢ **Portée radio limitée :** La propagation des ondes radio dépend de l'environnement de transmission. Plusieurs facteurs peuvent limiter la portée d'une transmission, comme la faible puissance du signal, les obstacles qui empêchent, atténuent ou réfléchissent les signaux rendant ainsi la tache de détection et de synchronisation plus difficile à la réception [LES04].

➢ **Charge du réseau :** La charge du réseau doit être distribuée équitablement entre les éléments en tenant compte de leur capacité respective [DGGNT01].

➢ **Nœuds cachés :** Ce phénomène est très particulier à l'environnement sans fil. Deux nœuds ou plus peuvent ne pas s'entendre, à cause par exemple d'un obstacle qui empêche la propagation des ondes. Les mécanismes d'accès au canal vont permettre alors à ces nœuds de commencer leurs émissions simultanément, ce qui provoque des collisions au niveau d'un de ces nœuds [LAO02].

1.3 Principes de base des PRNet

Il est utile de rappeler les principales caractéristiques des PRNet (ou réseaux radio par paquets) du fait qu'ils constituent le fondement des réseaux ad hoc, une description complète des réseaux radio par paquets est fournit dans [JT87].

Au cours des précédents paragraphes, nous avons mentionné que les PRNet ont permis des communications radio multisauts sur un large espace géographique. Sur la figure 1.2, les PR sont les radios par paquets et les lignes pointillées représentent les liens radio.

Sur le réseau de gauche, toutes les radios peuvent communiquer directement en un saut radio avec toutes les autres, alors que les communications multisauts seront nécessaires pour deux entités éloignées (non à portée radio) du réseau de droite. Si, par exemple, une communication doit passer par trois liens radio, on parle alors d'une communication à trois sauts.

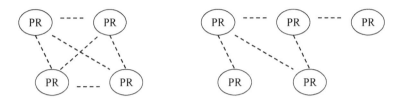

Figure 1.2 : Un réseau à un saut radio et un réseau multisauts

Un réseau radio par paquets ou PRNet comprend un sous-réseau constitué de radios par paquets dont le but est d'interconnecter les utilisateurs et un ensemble d'entités (hôtes, terminaux) reliées chacune a une radio par paquets par un lien filaire et souhaitant échanger des données en temps réel. Les entités vont donc communiquer entre elles par l'intermédiaire des radios par paquets constituant le réseau, radios qui vont relayer les paquets entre les entités communicantes.

Sur la figure 1.3, le réseau radio par paquets est constitué des radios 1, 2, 3, 4 et 5 et des terminaux A, B et C. Le terminal A est relié à la radio 1, le terminal B est relié à la radio 3 et le terminal C est relié à la radio 5. Les lignes en gras représentent les liens filaires et les lignes en pointillé constituent les liens sans fil. De par la propriété de diffusion du canal radio, lorsque la radio 2 émet un paquet, les radios 1, 3, 4 et 5 vont le recevoir.

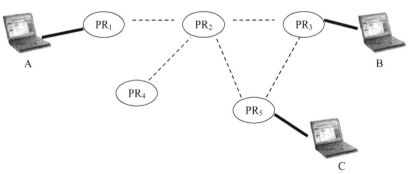

Figure 1.3 : Un réseau radio par paquets (PRNet)

L'un des avantages de la radio est sa mobilité potentielle. Une telle mobilité veut dire que le réseau est sujet à des modifications dynamiques puisque des radios ou des terminaux peuvent entrer, se déplacer ou quitter le réseau à tout moment et donc changer la topologie du réseau. Cette caractéristique implique que le réseau doit pouvoir se gérer automatiquement sans intervention humaine : il doit s'auto-configurer à l'initialisation, puis se reconfigurer dynamiquement suivant l'arrivée ou le départ des entités [AL04].

1.4 Le routage dans les réseaux ad hoc

1.4.1 Définition du routage

Le routage est une méthode à travers laquelle on fait transiter une information donnée depuis un certain émetteur vers un destinataire bien précis. Le problème du routage ne se résume pas seulement à trouver un chemin entre les deux nœuds du réseau, mais encore à trouver un acheminement optimal et de qualité des paquets de données.

1.4.2 Architectures

On distingue plusieurs architectures de réseaux sans fil. Dans notre cas nous allons nous concentrez sur les deux architectures propres aux réseaux ad hoc : Le réseau complet et le réseau à routage interne.

➢ **Réseau complet :**

C'est un maillage intégral (full mesh), chaque nœud est directement relié à tous les autres (figure 1.4).

➢ **Réseau à routage interne :**

C'est une façon de relier des nœuds dans une topologie ne pouvant se réduire à un cas plus simple (figure 1.5).

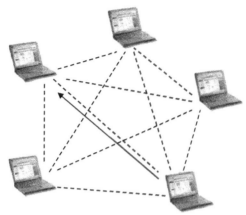

Figure 1.4 : Un réseau complet

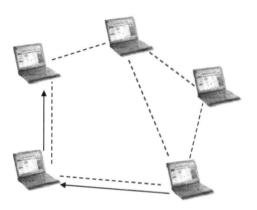

Figure 1.5 : Un réseau à routage interne

1.4.3 Protocoles de routage

Les protocoles de routage des réseaux ad hoc s'appuient sur deux modèles de fonctionnement : Les protocoles proactifs établissent les routes à l'avance en se basant sur l'échange périodique des tables de routage, alors que les protocoles réactifs cherchent les routes à la demande. On peut ainsi les différencier par la méthode utilisée pour découvrir le chemin entre le nœud source et le nœud destination. Il est évidement possible de mêler les techniques des deux classes proactive et réactive pour définir des protocoles hybrides. La figure 1.6 résume l'organisation des protocoles de routage dans les réseaux ad hoc.

13

1.4.3.1 Les protocoles proactifs

Présentation

Un protocole proactif est un protocole qui construit les tables de routage avant que la demande en soit effectuée. Il identifie en fait à chaque instant la topologie du réseau. Ces protocoles recherchent à intervalle régulier les différentes routes disponibles dans le réseau. Quand un paquet doit être transmis, sa route est alors connue à l'avance et peut ainsi être immédiatement utilisée. Le plus abouti de ces protocoles est OLSR [ACJL03].

Fonctionnement de OLSR

Le concept principal utilisé dans ce protocole est celui des relais multipoint (MPRs). Ces derniers sont des nœuds choisis qui expédient des messages de diffusion pendant le processus d'inondation. Cette technique réduit sensiblement la surcharge due aux messages par rapport à un mécanisme classique d'inondation, où chaque nœud retransmet chaque message quand il reçoit la première copie du message. Dans OLSR, l'information d'état de lien est produite seulement par des nœuds élus comme MPRs ; ainsi, une deuxième optimisation est réalisée en réduisant au minimum le nombre des messages de contrôle inondés dans le réseau et comme troisième optimisation, un nœud de MPR doit rapporter seulement des liens entre lui-même et ses sélecteurs.

1.4.3.2 Les protocoles réactifs

Présentation

Un protocole réactif est un protocole qui construit une table de routage lorsqu'un nœud en effectue la demande. Il ne connaît pas la topologie du réseau, il détermine le chemin à prendre pour accéder à un nœud du réseau lorsqu'on lui demande. Le plus abouti de ces protocoles est AODV [BDP03].

Fonctionnement de AODV

AODV est un protocole réactif "à la demande". Il ne garde pas constamment de route pour toutes les destinations. Ce qui le rend utilisable sur de grands réseaux composés de milliers de nodes. Il n'effectue une recherche de route que lorsque celle-ci est demandée. Ces routes sont gardées tant qu'elles sont opérationnelles. AODV est capable de routage unicast et multicast. Il s'agit d'un protocole à vecteur de distance.

1.4.3.3 Les protocoles hybrides

Dans le but de rallier les avantages des approches proactives et réactives tout en évitant leurs inconvénients, des protocoles hybrides ont été proposés [HP97] [LMT99]. Ces protocoles, qui mêlent les modes proactif et réactif, fonctionnent dans l'un ou l'autre mode suivant des conditions prédéfinies. Plusieurs approches s'inscrivent dans cette classe de protocoles, telles que la hiérarchisation du routage, l'utilisation de prédiction sur le mouvement ou d'information de localisation. Parmi les protocoles les plus connus de cette classe, on trouve le protocole ZRP [HP97] et le protocole CBRP [LMT99].

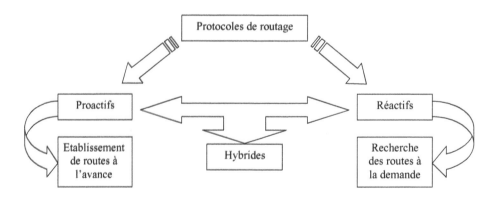

Figure 1.6 : Classification des protocoles de routage

1.5 Conclusion

Dans ce chapitre, nous avons donné un aperçu général sur les réseaux ad hoc qui sont des réseaux sans fil et sans infrastructure préexistante, et qui ont été créés pour pallier aux limitations et aux problèmes dus à l'utilisation des réseaux mobiles avec infrastructure fixe.

Nous avons parlés des origines et des avantages de ces réseaux, ainsi que leurs caractéristiques et limitations. Une partie a été consacrée aux PRNet qui représentent la base des réseaux ad hoc. Du fait que le routage dans les réseaux ad hoc est très important et pose de nombreux problèmes liés aux caractéristiques de ce type de réseaux telles que les changements fréquents de topologie, la consommation de bande passante limitée, ainsi que d'autres facteurs; nous avons énuméré les principales classes de protocoles de routage ainsi que les concepts fondamentaux de quelques exemples de ces protocoles.

Les limitations imposées par l'environnement mobile ad hoc nous obligent à changer la vision classique des problèmes liés aux systèmes distribués. Parmi ces problèmes, celui du consensus qui devient plus compliqué à résoudre dans des environnements distribués et plus particulièrement dans les réseaux mobiles ad hoc.

Chapitre 2

LE CONSENSUS DANS LES SYSTÈMES DISTRIBUÉS

2.1 Introduction

Chacun sait que notre société dépend de plus en plus des systèmes informatiques. De nos jours, les applications informatiques réparties sont omniprésentes dans tous les secteurs de l'économie. Désormais, un calculateur se trouve rarement isolé du reste du monde. Au contraire, il est implicitement intégré dans un réseau (local ou de plus grande ampleur) et la plupart des calculs qui lui sont soumis nécessitent une coopération avec d'autres calculateurs connectés de manière permanente ou temporaire. De façon générale, le paysage informatique actuel se caractérise donc par une interconnexion massive et évolutive de calculateurs hétérogènes, géographiquement distants et potentiellement mobiles. Un système distribué typique peut être organisé comme un ensemble de processus, s'exécutant dans des postes différents et fonctionnant selon des conditions fonctionnelles spécifiques (figure 2.1).

Bien que ce recours grandissant aux systèmes distribués soit généralement perçu comme un progrès technique, il faudrait toutefois être conscient que de tels systèmes voient leur taille et leur complexité augmenter constamment, à tel point que le fait d'assurer leur fonctionnement correct est parfois une tâche exigeante. En conséquence, la sûreté de fonctionnement des systèmes distribués est devenue une question capitale, qui a suscité un nombre important de recherches ces dernières années. Quel que soit l'effort que nous déployons à assurer la correction de notre système distribué, nous serons incapables d'empêcher des défaillances. Par conséquent, concevoir notre système distribué de manière à ce qu'il tolère des pannes plutôt qu'il les empêche est une approche raisonnable. C'est le but de la tolérance aux pannes. Parmi toutes les techniques qui fournissent de la tolérance aux pannes, la réplication est la seule qui permet au système de masquer les défaillances. L'intuition derrière le concept de réplication est simple : au lieu d'avoir une seule instance d'un service, on en exécute plusieurs. Si une des répliques tombe en panne, celles qui restent peuvent reprendre le travail de manière à ce que la panne n'empêche pas le système de fournir le service attendu. Un service répliqué a besoin de maintenir toutes ses répliques dans un état cohérent, et les protocoles d'accords fournissent des abstractions permettant de maintenir une telle cohérence.

Beaucoup de problèmes d'accord sont liés au problème du consensus [LPS80] [CT96]. Le consensus est un paradigme fondamental pour les calculs distribués tolérants aux fautes. Informellement, le consensus permet aux processus de prendre une décision commune, qui dépend de leurs valeurs proposées initialement, en dépit des défaillances. Le consensus peut être utilisé comme une brique de base pour résoudre plusieurs autres problèmes d'accord, tels que la diffusion atomique [SCH90] [HT93], la validation atomique [GSTC90], la gestion de groupes [MAL96] et l'élection d'un leader [SM95].

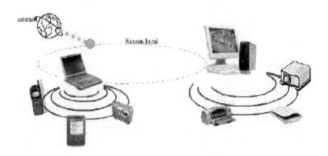

Figure 2.1 : Un système distribué type

2.2 Modèles de systèmes distribués

Avant d'aller plus loin sur les problèmes d'accord dans les systèmes distribués et particulièrement le problème du consensus, nous avons jugé très utiles de donner un aperçu sur les différentes classes de modèles de systèmes distribués existants, et qui ont été définis suivants plusieurs critères plus ou moins importants.

Plusieurs modélisations des systèmes répartis ont été proposées [LPS81] [ACDS85] [FLP85] [PT86] [DDS87] [CF99] [AM02] suivant les caractéristiques matérielles sous-jacentes. Dans notre étude, on s'intéressera à deux grandes familles de systèmes dans lesquels les processus communiquent entre eux par passage de messages :

- Les systèmes synchrones : Ils ont de fortes hypothèses temporelles, c'est-à-dire que les temps de traitement des processus et les délais de communication sont bornés. Nous pouvons considérer comme systèmes synchrones les machines multi-processeurs ou encore les systèmes réparties construits au dessus d'un réseau local (Ethernet 802.3).
- Les systèmes asynchrones : Ils n'ont aucune hypothèse temporelle, leur modèle de processus ne définit aucune borne de temps de traitement et leur modèle de communication aucune borne sur les délais de communications. Cette famille de systèmes englobe celle des systèmes synchrones. Nous pouvons considérer l'Internet comme un système asynchrone.

Le synchronisme est une propriété très importante d'un système distribué, qui décrit le fonctionnement des éléments, du système vis à vis du temps. Elle permet donc de déterminer les hypothèses que l'on pourra utiliser pour réaliser une application qui fonctionnera sur ce système.

Nous nous intéressons souvent aux systèmes asynchrones bien que la réalisation d'applications, qui mettent en jeux la collaboration des processus, soit réalisable dans les systèmes synchrones, le modèle synchrone et trop restrictif pour pouvoir l'appliquer à certains systèmes. Par exemple, les systèmes répartis composés de machines hétérogènes ne sont généralement pas synchrones. Le système asynchrone est intéressant car tous les algorithmes qui sont réalisés sur un tel modèle pourront être implémentés sur n'importe quel système réel. Nous verrons que l'absence d'hypothèses de ce système rend impossible un certain nombre d'implémentations. Il est donc souvent nécessaire d'étudier le comportement du système réel afin d'établir des hypothèses qui permettront la réalisation de ces applications. On se trouve alors dans des systèmes appelés partiellement synchrones, ils ont été définis dans [DFKM97].

Les systèmes réels n'étant pas parfaits, la modélisation du système doit aussi prendre en compte les divers dysfonctionnements qui peuvent survenir. Une hiérarchie de modèles de fautes, pouvant être commises par les processus, a été définie dans [LAP90] [HT93] [CF99]. Cette hiérarchie considère les fautes de types *panne franche* (les processus fautifs s'arrêtent inopinément pour toujours, nous dirons qu'ils crashent) jusqu'aux fautes de type *Byzantin* (les processus fautifs ont un comportement arbitraire), en passant par les fautes de type *omission* (les processus omettent d'émettre ou de recevoir des messages). Les processus qui ne commettent jamais de fautes au cours d'une exécution (finie ou infinie) sont dits *corrects*.

Notre étude s'inscrit dans le cadre de la gestion des systèmes synchrones ou asynchrones dans lesquels de telles fautes peuvent se produire, c'est-à-dire : la gestion du groupe de ressources ayants chacune une vue cohérente de l'ensemble des processus du système, et les communications évolués de groupe telle que la diffusion atomique et le consensus. Ces problèmes de gestion font parti des problèmes dits d'accords, c'est-à-dire que les solutions à ces problèmes nécessitent une phase d'accord de la part des processus. Un détaille sur ces problèmes fera l'objet du paragraphe suivant.

2.3 Problèmes d'accord

Dans de nombreuses applications, il est indispensable que les processus aient une vision unanime de la progression du calcul pour lequel ils coopèrent. Pour élaborer cette vision commune, chaque processus doit participer à l'exécution d'un protocole d'accord en fournissant au départ sa vision locale de l'état du système. Les protocoles d'accord peuvent être utilisé à différents niveaux du système et pour une variété d'objectifs. Ceux-ci peuvent s'étendre sur des services de base d'un système tels que l'établissement de l'ordre total de l'exécution des primitives de communication, la gestion de groupes, la diffusion atomique, la validation atomique d'une transaction, l'élection d'un leader, et la synchronisation de l'horloge. Durant l'exécution du protocole d'accord, les processus participant devront tous progressivement converger vers une valeur unique obtenue à partir de l'ensemble des valeurs initiales. Les protocoles d'accord sont au centre de nombreux systèmes et applications distribués car ils permettent d'assurer la coordination des entités distribuées, pour la construction d'état cohérent et pour une évolution cohérente du système.

Au sein de la classe des problèmes d'accord, le problème du consensus fait figure d'exemple. Dans ce cas particulier, la valeur unanimement décidée doit être une des valeurs proposées. Différents autres problèmes d'accord (validation atomique, diffusion atomique,...) peuvent être résolus en utilisant une solution au problème du consensus comme brique de base. Les problèmes de consensus et de diffusion atomique sont équivalents [CT96], en effet on peut trouver un algorithme qui permet de résoudre la diffusion atomique à partir d'un algorithme permettant la résolution du consensus (et vice versa.). De ce fait, nous allons, dans ce qui suit, présenter ces deux problèmes en brefs, puis nous détaillerons le problème du consensus dans un autre paragraphe qui sera consacré à l'étude et aux solutions données à ce problème.

2.3.1 La diffusion atomique

La diffusion atomique (Atomic Broadcast) est un paradigme très important dans les systèmes distribués tolérants aux fautes [SCH90] [GSTC90] [CT96]. Informellement, la diffusion atomique exige que tous les processus corrects (non défaillants) délivrent (reçoivent) le même ensemble de messages dans le même ordre [HT93].

Formellement, La diffusion atomique est une diffusion fiable qui satisfait un ordre total. Une diffusion fiable est définie généralement par les deux propriétés suivantes :
- ✓ Sûreté : Si un processus correct diffuse un message, alors tous les processus corrects le délivrent.
- ✓ Vivacité : Si un processus délivre le message, alors tous les processus corrects le délivrent.

L'ordre total est défini comme suit : si deux processus corrects p et q délivrent deux messages m et m', alors p délivre m avant m' si et seulement si q délivre m avant m'.

La diffusion atomique peut être également définie comme une diffusion fiable qui satisfait les propriétés suivantes [BER01]:

✓ **Terminaison** (Termination) : Si un message est diffusé par un processus correct, alors celui-ci finit par le délivrer.

✓ **Intégrité** (Integrity) : Pour tous message m, tous les processus délivrent m au plus une fois et seulement si m a été auparavant émis.

✓ **Consistance** (Agreement) : Si un processus délivre un message m, alors tous les processus corrects finiront par délivrer m.

Les propriétés de Terminaison et Consistance impliquent que si un processus correct émet un massage m, alors tous les processus corrects finissent par délivrer m.

2.3.2 Le consensus

Le problème du consensus est un problème fondamental dans les systèmes distribués. L'objectif du consensus est de permettre à un ensemble de processus, chacun possédant sa propre valeur initiale, de décider de manière unanime et irrévocable sur une de ces valeurs initiales. Ainsi, dans la littérature, le problème du consensus est défini pour un ensemble P de processus corrects. Chaque processus $p_i \in P$ propose alors la valeur v_i qu'il possède initialement. L'algorithme ne se termine que lorsque tous les processus participant au consensus (ou plus précisément tous les processus corrects) se sont accordés sur une valeur v ; v étant une des valeurs initialement proposées par un des processus ($\exists i$ tel que $v_i = v$). □ □

De manière plus formelle, le consensus est spécifié par les propriétés suivantes [BER01]:

✓ **Terminaison** (Termination) : Tous les processus corrects participant au consensus finissent par décider une valeur.

✓ **Intégrité** (Integrity) : Un processus décide au plus une fois.

✓ **Consistance**[1](Agreement) : Deux processus corrects ne peuvent décider différemment.

✓ **Validité** (Validity) : Si un processus décide une valeur v, alors v a été proposé par au mois un processus.

La propriété de Validité dépend de la relation entre la valeur décidée et les valeurs proposées. Changer cette propriété change le type du consensus [FIS83].

---

[1] La propriété de Consistance est aussi connue sous le nom de propriété d'Accord.

Comme nous l'avons mentionné dans le paragraphe précèdent, le consensus peut être utilisé pour résoudre la diffusion atomique. Par exemple, pour obtenir une diffusion atomique, les processus diffusent fiablement leurs messages, suite à cette diffusion ils opèrent un consensus sur l'ordre des messages.

2.4 Etude du problème du consensus

Comme nous venons de voir, le problème du consensus constitue une brique de base pour la résolution de plusieurs autres problèmes d'accord, c'est-à-dire que tous les problèmes d'accord sont réductibles au consensus. Ce problème fondamental a été décrit pour la première fois dans [LPS80] ; depuis, il a été l'objet de nombreux travaux de recherche [LPS81] [LPS82] [FLP85] [DDS87] [DLS88] [CHA90] [DRS90] [PON91] [BGP92] [CHT96] [CT96] [GS96] [SCH97] [AT98] [GNY98] [AT99] [HR99] [MR99a] [MR99b] [CS00] [MR00b] [MRT00a] [MRT00b] [BGMR01] [MRR01] [MRRR01a] [MRRR01b] [HMR02] [MRR02a] [RAY02] [LRR03] [MMRR03] [RR03] [RR04] [MRR05] [MMT08].

Le problème du consensus s'énonce comme suit : "Tous les processus doivent, après avoir proposé une valeur, s'accorder sur une même valeur".
Un algorithme de consensus se déroule donc en trois étapes :

- Première étape : chaque processus propose une valeur ;
- Deuxième étape : tous les processus se concertent pour le choix d'une valeur parmi celles proposées ;
- Troisième étape : les processus décident la valeur choisie.

2.4.1 Extensions du problème

Que se passe-t-il si l'on modifie l'une des propriétés (Terminaison, Consistance ou Intégrité) du consensus ?
Cette dégradation des spécifications peut s'avérer critique pour certaines applications, mais les conditions d'Accord, d'Intégrité et de Terminaison, peuvent rester pertinentes pour d'autres types d'applications [DEL01]. De ce fait, en affaiblissant ou en renforçant les propriétés du consensus pour répondre aux besoins des différentes applications, on obtiendra

plusieurs variantes qui diffèrent les unes des autres par au moins une des propriétés. Parmi ces instances nous avons :

2.4.1.1 Le consensus probabiliste

Dans le cadre des systèmes distribués où la propriété de Terminaison ne peut pas être garantie, le consensus probabiliste [BEN83] a été proposé pour affaiblir cette propriété.

Formellement, la propriété de Terminaison dans le consensus probabiliste est définit comme suit :

✓ **R-Terminaison** (Random-Termination) : Tous les processus corrects décident avec une probabilité qui tend vers 1.

Un protocole de consensus probabiliste ne garantit pas la terminaison d'un processus correct, mais il lui donne de très fortes chances de terminer (la probabilité de Terminaison converge vers 1 après une infinité de ronde).

2.4.1.2 Le consensus ensembliste (le k-consensus)

Une manière d'assouplir le problème est d'autoriser que plus d'une seule valeur puisse être décidée, cela permet encore une tolérance aux défaillances fortes. On a donc introduit le consensus ensembliste (ou le k-consensus[2]) [CHA90] [CHA93] [MR00a] [AHR02] [MRRR02] pour affaiblir la propriété d'Accord. Comme pour le consensus standard : tous les processus corrects doivent terminer (propriété de Terminaison) ; si un processus décide, alors la valeur décidée est une valeur qui a été proposée (propriété de Validité). Par contre, la propriété d'Accord est remplacée par :

✓ **k-Accord :** Il existe au plus k valeurs différentes décidées par les processus.

Ce problème est étudié à l'intérieur d'un système distribué pour en connaître les limites. Remarquons que la difficulté de ce problème dépend de la valeur de k :

− Pour $k \leq 0$: le problème n'a aucun sens.

---

[2] Le k-consensus est plus connu sous la dénomination k-set agreement.

- Pour $k \leq f$: où f est le nombre maximal de processus fautifs, la difficulté du problème dépend du système (pour $k = 1$: le problème est équivalent au consensus).
- Pour $k > f$: l'algorithme de résolution du problème est simple. k processus diffusent leur valeur, quand un processus reçoit une valeur, il décide cette valeur.

Remarquons aussi qu'une solution pour le k-consensus est une solution pour le $(k+1)$-consensus. Par conséquent, une solution du consensus (le 1-consensus) est aussi une solution du k-consensus. Le consensus ensembliste est donc plus faible que le consensus standard (plus k est grand plus le problème est faible).

2.4.1.3 Le consensus uniforme

Une valeur de décision corrompue peut, dans certaines applications, entraîner de graves conséquences, ce qui impose sur le système de fournir un niveau très élevé de sûreté. Il doit interdire la décision d'une valeur sur laquelle il n'y pas eu accord. Dans la définition du consensus, les processus défaillants peuvent décider différemment des processus corrects, cette définition ne convient pas donc à ce type d'applications critiques.

Pour remédier à ce défaut, le consensus uniforme [HT93] [CS00] [KR03] [LRR03] [RR03] [RR04] a été défini et se diffère du consensus de base par la propriété d'Accord :
✓ **Accord uniforme :** Si un processus décide une valeur v, alors tous les processus décident v.

Le problème du consensus uniforme est bien entendu plus difficile à résoudre que le consensus de base, et il n'a aucun sens dans les systèmes sujet à des fautes byzantines. Nous ne pouvons pas interdire à un processus byzantin de décider, ni lui imposer une valeur, car par définition, un processus byzantin est incontrôlable et imprévisible.

2.4.1.4 La cohérence interactive[3]

Dans le but d'accorder les processus sur l'ensemble des valeurs proposés (non pas sur une seule valeur), la cohérence interactive [FL82] [MRR02b] a été définie. Le principe est qu'un processus ne décide plus une valeur mais un vecteur V où la $i^{\text{ème}}$ entrée $V[i]$ correspond à la valeur proposée par le processus p_i (si p_i n'est pas défaillant).

La propriété de Validité est la seule à être modifié par rapport au consensus de base, elle est alors définie comme suit :

✓ **IC-Validité[4]** (Interactive Coherence-Validity) : Si V est le vecteur décidé lors d'une exécution, alors $V[i] = v_i$ est la valeur proposée par p_i s'il n'est pas défaillant.

Remarquons d'après la définition qu'un processus correct aura connaissance des valeurs proposées par les autres processus.

Un protocole résolvant la cohérence interactive apporte des solutions simples aux problèmes demandant une cohérence entre les processus. Par exemple, pour maintenir la cohérence de la composition du groupe de processus, nous pouvons utiliser un protocole de cohérence interactive dans lequel chaque processus propose son identifiant. Tous les processus corrects obtiennent ainsi le même vecteur d'identifiants contenant au mois les identifiants des processus corrects. Ce vecteur devient ainsi la vue qu'a un processus du groupe.

2.4.2 Le résultat d'impossibilité de FLP

La spécification du problème du consensus, présentée dans la section précédente, peut être implémentée dans les deux modèles de systèmes principaux : les systèmes synchrones et les systèmes asynchrones. Il a été démontré que dans un système synchrone, le problème du consensus possède des solutions, même en présence de fautes byzantines mais à conditions qu'un nombre limité f de processus (avec $f < (n+1) / 3$, tel que n est le nombre total de processus) se comporte de manière arbitraire [LPS82]. Sachant que le modèle temporel asynchrone est plus général que le modèle synchrone, autrement dit, si un système réparti est

---

[3] Cette variante a été définie dans [DS98] par la dénomination "consensus vectoriel".
[4] Cette propriété a été définie dans [DS98] par la dénomination "validité vectorielle".

synchrone alors il est aussi asynchrone. Ce type de système ne connaît aucune borne de temps, que ce soit pour les transferts de message ou les actions des processus.

De part sa généralité, le système réparti asynchrone est faible. Il en résulte que de nombreux problèmes n'ont pas de solution déterministe dans un tel système si des fautes peuvent survenir. Nous nous intéressons en particulier au problème du consensus. Malgré l'aspect asynchrone du système, s'il n'y a pas de fautes de processus, le problème du consensus est trivial. Par exemple, un protocole résolvant ce problème se résume à l'attente de la proposition de chaque processus (*n* propositions) et à la décision de la plus petite valeur (s'il y a une relation d'ordre sur les valeurs proposables). Mais dans le cas où un processus peut crasher, les autres processus n'ont aucun moyen de détecter sa panne. Ne recevant pas de message de ce processus, ils ne peuvent pas savoir s'il est crashé ou très lent. Cette impossibilité est à la base d'une autre connue comme résultat d'impossibilité de FLP démontré par FISCHER, LYNCH et PATERSON [FLP85] :

Théorème : *Il n'existe pas de solution déterministe au problème du consensus dans un environnement asynchrone même en présence d'une seule faute de processus.*

Cette impossibilité résulte du fait que l'absence de bornes temporelles ne permet pas à un moment *t* de savoir si un processus est défaillant ou bien s'il n'a pas encore répondu ou si sa réponse est encore en transit sur le réseau. A l'opposé, ce problème est résoluble dans un système synchrone puisque si un processus ne répond pas dans un délai de garde (timeout), il est défaillant.

Ainsi, une des principales difficultés rencontrées dans le domaine de l'algorithmique distribuée tolérante aux fautes concerne ce résultat d'impossibilité dans un environnement asynchrone puisqu'il empêche la résolution de nombreux problèmes d'accord dans de tels environnements. Ce résultat pourrait sembler au premier abord condamner l'utilité de chercher une solution aux problèmes d'accord par le biais du consensus.

Ne pouvant se tenir à cette impossibilité, les chercheurs se sont penchés sur des façons de la contourner ou plutôt sur des façons d'*approximer* le problème donné. Le nouveau problème à résoudre est donc : quelles sont les modifications minimales à apporter à la définition du système réparti asynchrone ou au problème du consensus pour que ce dernier soit solvable ?

2.4.3 Contourner l'impossibilité

Du fait que la boite "consensus" étant indispensable pour la gestion fiable des systèmes répartis, la recherche ne s'est donc pas arrêtée à cette impossibilité de FLP. Deux voies sont abordées pour la contourner. Elles consistent toutes les deux en une *approximation* du problème global[5] de telle sorte que les modifications apportées au problème soient minimales. Cette *approximation* passe soit par un affaiblissement du problème du consensus soit par un renforcement du modèle du système réparti asynchrone.

Nous allons, dans ce qui suit, présenter des approches pour contourner le résultat d'impossibilité de FLP : tout d'abord par un affaiblissement du problème du consensus puis par un renforcement du système réparti asynchrone.

2.4.3.1 Affaiblissement du problème du consensus

Cette approche consiste en une modification d'une ou plusieurs propriétés du consensus, à savoir la propriété de Terminaison, la propriété de Validité et la propriété d'Accord (de Consistance), pour rendre le nouveau problème obtenu solvable dans le système réparti asynchrone.

Parmi les solutions affaiblissant le problème du consensus, nous pouvons citer : le consensus probabiliste, le consensus ensembliste, et une approche récente : le consensus à entrées contraintes.

▶ Le consensus probabiliste

Comme vu dans la section précédente, le consensus probabiliste a été introduit par BEN OR [BEN83]. Les processus ne décident plus avec une certitude mais avec une probabilité égale à 1, le caractère déterministe du consensus est donc supprimé. Nous allons

---

[5] Le problème global est bien la "résolution du problème du consensus dans un système réparti asynchrone".

présenter, en bref, le protocole de BEN OR résolvant le problème du consensus binaire[6] probabiliste dans les systèmes répartis asynchrones où des crashs de processus peuvent survenir (figure 2.2).

Ce protocole se base sur le fait que la propriété d'Accord est garantie lorsque plus de $(n / 2) + f$ processus estiment la même valeur. Il essaie donc de provoquer cet évènement. Ce protocole se base sur l'utilisation des rondes asynchrones, synchronisées par des barrières d'attente de $(n - f)$ messages (lignes 5 et 9). Contrairement à la ronde synchrone, une ronde asynchrone ne peut pas être basé sur une notion de temps, un processus envoie un message et en attend au moins $(n - f)$ pour passer à la ronde suivante. Pour que les processus convergent vers une même valeur de décision, le protocole suppose $f < n / 2$ processus fautifs (ligne 6).

Function Consensus(v_i)

(1) $r_i \leftarrow 0; est_i \leftarrow v_i;$ {$v_i = 0$ ou 1, est_i représente l'estimation du processus p_i}
(2) **while** *true* **do**
(3) $r_i \leftarrow r_i + 1;$ {ronde $r_i = r$}

{───────── Phase 1 de la ronde r ─────────}
(4)   *broadcast* PHASE1(r_i,est_i);
(5)   **wait until** (PHASE1(r_i,est) reçu de $(n - f)$ processus);
(6)   **if** (la même valeur v a été reçue de plus de $n / 2$ processus)
(7)   **then** $aux_i \leftarrow v$ **else** $aux_i \leftarrow \perp$ **endif**;

{───────── Phase 2 de la ronde r ─────────}
(8)   *broadcast* PHASE2(r_i,aux_i);
(9)   **wait until** (PHASE2(r_i,aux) a été reçu par $(n - f)$ processus);
(10)   **case** ($aux = v \neq \perp$ reçu de $f + 1 \leq$ processus $\leq n$) : $est_i \leftarrow v$; **decide**(aux_i);
(11)   ($aux = v \neq \perp$ reçu de $1 \leq$ processus $\leq f$) : $est_i \leftarrow v$;
(12)   ($aux = v \neq \perp$ n'a pas été reçu) : $est_i \leftarrow$ **random**();
(13)   **endcase**
(14) **endwhile**

Figure 2.2 : Le protocole du consensus binaire de BEN OR ($f < n / 2$)

Une ronde est décomposée en deux phases : lors de la première phase, les processus participent à un vote, lors de la deuxième phase, les processus décident si possible une valeur. Si la décision n'est pas possible, chaque processus utilise un générateur aléatoire pour changer son estimation (ligne 12). Si le générateur est équiprobable, c'est-à-dire si la probabilité que le générateur retourne 0 (ou 1) est égale à ½, alors la probabilité que tous les processus estiment

---

[6] $|v| = 2$, en général les valeurs proposables sont 0 ou 1.

la même valeur via la fonction **random**() n'est pas nulle et est égale à $2 \times (\frac{1}{2})^n$. Par conséquent, l'évènement *plus de* $(n / 2) + f$ *processus estiment la même valeur* se produira avec une probabilité qui tend vers 1.

Ce protocole n'est pas très efficace en pratique, car le nombre de rondes nécessaire avant d'atteindre l'accord est en moyen exponentiel.

▶ Le consensus ensembliste

Comme nous l'avons remarqué dans le paragraphe consacré à ce type de consensus dans la section précédente, le problème du consensus ensembliste est plus facile que le problème du consensus classique, et ce grâce à la modification de la propriété d'Accord à k valeurs au lieu d'une seule. Un intérêt de ce problème réside dans la relation directe qu'il y a entre k, f et la décidabilité du problème. Avec $k > f$, le problème est trivial et à l'opposé, avec $k \leq f$, le problème n'a pas de solution. Ce résultat d'impossibilité fut prouvé en même temps par trois équipes de recherches [BG93] [HS93] [SZ93]. Donc, bien que plus facile que le problème du consensus (pour $k > 1$), le problème du consensus ensembliste reste néanmoins impossible à satisfaire dans un système asynchrone (pour $k \leq f$). Il nous faut donc encore le modifier ou renforcer le système.

▶ Le consensus à entrées contraintes

Parmi les approches pour contourner le résultat d'impossibilité de FLP, une nouvelle approche fondée sur des conditions a été proposée par MOSTÉFAOUI, RAJSBAUM et RAYNAL dans [MRR01] pour résoudre le consensus. Cette approche consiste en un affaiblissement du problème, plus exactement en une restriction de l'espace de définition du consensus.

D'un point de vue mathématique nous pouvons considérer le consensus comme une fonction de V^n (ensemble des propositions de chaque processus) dans V (ensemble de valeurs de décision). Un élément v de V^n est appelé **vecteur d'entrée**, il est donc de taille n et contient à sa $i^{ème}$ position la valeur proposée par le processus p_i.

Le résultat d'impossibilité de FLP étant, cette fonction n'existe pas dans les systèmes asynchrones si des processus peuvent crasher ou plutôt cette fonction n'est pas définie par l'ensemble V^n tout entier. Un moyen d'appréhender le problème du consensus dans les systèmes asynchrones est de trouver un sous ensemble C de V^n pour lequel la *fonction consensus* peut être définie malgré la présence de f processus fautifs au maximum. Cet ensemble C est appelé **condition**. Plusieurs conditions ont été étudiées par les auteurs de cette méthode, et une hiérarchie a été trouvée parmi elles [MRRR01b]. Cette hiérarchie est telle que plus les conditions restreignent le vecteur d'entrée plus le protocole de consensus associé est efficace.

Formellement, une condition est caractérisée par un prédicat P qui indique l'appartenance d'un vecteur à la condition, et une fonction déterministe S qui retourne une valeur déterministe du vecteur. Une condition est dite f-acceptable si les prédicats P et les fonctions S correspondants caractérisent le vecteur à partir duquel il existe un protocole résolvant le consensus en dépit de f processus défaillants. Nous nous intéressons à deux conditions C_1 et C_2 telles que : C_1 engendre une décision sur la plus grande valeur proposée, tandis que C_2 permet une décision sur la valeur la plus fréquemment proposée.

Le but de cette approche est de pouvoir créer des protocoles résolvant le problème du consensus tels que :

1. Ils soient toujours sûrs, c'est-à-dire que les protocoles garantissent les propriétés d'Accord et de Validité même si le vecteur d'entrée n'appartient pas à la condition.
2. Ils garantissent la propriété de Terminaison pour au moins les vecteurs d'entrées appartenant à la condition.

2.4.3.2 Renforcement du modèle asynchrone

L'autre voie envisagée, pour contourner le résultat d'impossibilité de FLP, est de renforcer le modèle du système réparti asynchrone. Ce renforcement passe par l'ajout d'hypothèses temporelles ou par l'ajout de "boites noires" que nous appellerons **oracles**. Ces oracles possèdent des propriétés et fournissent des services qui permettent de résoudre le problème du consensus. Que ce soit par ajout d'hypothèses temporelles ou d'oracles, dans les deux cas, le but est de rajouter suffisamment de synchronie pour rendre le problème solvable.

Nous allons d'abord présenter des systèmes répartis asynchrones augmentés d'hypothèses temporelles, puis nous présenterons des oracles.

▶ Ajout d'hypothèses temporelles

Les modèles augmentés d'hypothèses temporelles ne sont plus qualifiés de modèles asynchrones mais de modèles *partiellement synchrones* [DLS88], ou encore *asynchrones temporisés* [CF99]. Nous donnons, dans ce qui suit, la définition de ces modèles.

La terminologie partiellement synchrone a été introduite par DWORK, LYNCH et STOCKMEYER [DLS88]. Ils en définissent deux versions :

1. Il existe une borne sur les temps de transfert et d'exécution, mais ces bornes sont inconnues des processus ;
2. Ces bornes existent, mais seulement après un certain temps GST.

Les auteurs de ces deux modèles montrent, dans [DLS88], qu'ils permettent de résoudre le problème du consensus.

Le concept de système asynchrone temporisé [CF99] paraît être plus proche de la réalité. Ses auteurs, CRISTIAN et FETZER, formalisent le fait que le système alterne entre périodes stables et instables. Comparé au système partiellement synchrone, les bornes n'existent pas seulement après un certain temps, mais elles existent infiniment souvent. De même que pour le modèle partiellement synchrone, les auteurs de ce modèle montrent, dans [CF99], qu'il permet de résoudre le problème du consensus.

▶ Ajout d'oracles

Les oracles sont des mécanismes mis à disposition des processus par le système, ils fournissent la quantité d'information minimale pour résoudre un problème donné. Cette approche permet donc de monter les fonctionnalités manquantes au système pour résoudre un problème donné. Les oracles les plus connus sont *les détecteurs de défaillances* proposées par CHANDRA et TOUEG dans [CT96].

Afin de surmonter le résultat d'impossibilité de FLP, CHANDRA et TOUEG [CT96] ont augmenté le modèle asynchrone en introduisant la notion de détecteurs de défaillances *non fiables*. Un détecteur *local* est associé à chaque processus et est chargé de détecter les défaillances externes, Il donne au processus qui l'interroge une liste d'identifiants de processus qu'il suspecte d'être fautifs.

Tous les détecteurs de défaillances peuvent faire des erreurs, c'est à dire qu'ils peuvent ajouter un processus p dans la liste des suspects, alors que le processus p fonctionne toujours. Mais si plus tard le détecteur estime que suspecter p est une erreur, il peut le supprimer de la liste. Un détecteur de défaillances peut ajouter ou supprimer des processus de sa liste des suspects et cela aussi souvent qu'il le considère nécessaire. Au même moment deux détecteurs de défaillances de deux processus différents peuvent avoir des listes de processus suspects différentes.

CHANDRA et TOUEG définissent huit classes de détecteurs de défaillances en caractérisant chacune d'entre elles par une propriété de complétude et une propriété d'exactitude. Une propriété de complétude définit des contraintes concernant la détection des processus réellement arrêtés tandis que la propriété d'exactitude vise à limiter les suspicions erronées que peut commettre un détecteur de défaillances.

Parmi ces classes, la classe dénotée $\Diamond S$ est particulièrement intéressante puisqu'il s'agit de la classe la plus faible permettant de résoudre le consensus [CT96]. Cette classe est caractérisée par une propriété de complétude forte (tout processus défaillant finit par être suspecté de façon permanente par tout processus correct) et une propriété d'exactitude faible inéluctable (il existe un instant à partir duquel un processus correct ne sera plus jamais suspecté par aucun processus correct). En s'appuyant sur des détecteurs de défaillances de cette classe et à condition que les canaux de communication soient fiables et qu'une majorité de processus ne subit pas de défaillances, des algorithmes déterministes permettent de résoudre le problème du consensus. Tous s'appuient sur le paradigme du coordinateur tournant mais diffèrent par leur complexité en temps et en nombre de messages. L'utilisation de tels algorithmes comme briques de base dans la résolution de problèmes d'accord, et par conséquent leur utilisation dans la gestion des groupes de processus dupliqués, est actuellement un axe de recherche important.

2.5 Conclusion

Nous avons abordé, dans ce chapitre, des généralités sur les systèmes distribués (ou répartis), un système distribué peut être organisé comme un ensemble de processus, s'exécutant dans des postes différents et fonctionnant selon des conditions fonctionnelles spécifiques. Ces systèmes voient leur taille et leur complexité augmenter constamment, ce qui a rendu la sûreté de leur fonctionnement comme question capitale. Du fait que c'est impossible d'empêcher les défaillances dans de tels systèmes, le recours à la tolérance aux pannes est l'approche la plus raisonnable, et qui se base sur le principe de la réplication et la cohérence des répliques. Des protocoles dits d'accords fournissent des abstractions permettant de maintenir une telle cohérence.

Au début du présent chapitre, nous avons présenté les modèles de systèmes répartis qui existent dans la littérature. Pour avoir une meilleure gestion de ces systèmes et faire face à une majorité des problèmes qui sont regroupés dans une seule famille appelée problèmes d'accord, plusieurs travaux ont montré qu'il faut se focaliser sur un seul problème fondamental dit problème du consensus. Un premier résultat a établi une impossibilité de la résolution de ce problème, connue sous le nom d'impossibilité de FLP [FLP85]. La nécessité d'une solution à ce problème a conduit les chercheurs à contourner l'impossibilité de FLP par plusieurs techniques. Nous avons donné les solutions les plus connus et qui sont issus de deux principales voies : la première consiste à affaiblir le problème du consensus. Cette vois a donné trois approches de solutions : le consensus probabiliste, le consensus ensembliste, et une approche récente : le consensus à entrées contraintes. La deuxième voie par contre, consiste à renforcer le modèle du système réparti asynchrone, par un ajout d'hypothèses temporelles ou par l'ajout de mécanismes appelés oracles, les plus connus de ces derniers sont les détecteurs de défaillances proposées par CHANDRA et TOUEG dans [CT96].

CHAPITRE 3

LE CONSENSUS DANS LES RÉSEAUX AD HOC

3.1 Introduction

Les réseaux ad hoc sans fils permettent aux entités qui les constituent d'accéder à des services et informations indépendamment de leur position ou de leur vitesse. Un tel objectif peut être atteint en supprimant la nécessité d'une infrastructure conçue statiquement ou d'une autorité administrative centralisée. Il est dans la nature de ces systèmes d'être auto-organisés, d'autant que les entités peuvent rejoindre ou quitter le réseau de manière arbitraire, impliquant une forte dynamicité du système.

La mobilité étant considérée comme une extension de la répartition, et les problèmes d'accord sont des problèmes fondamentaux des systèmes répartis robustes. Du fait, la conception de solutions dans les systèmes mobiles ad hoc est un pan très actif de la recherche récente. Le consensus étant la brique de base pour résoudre les problèmes d'accord. Il permet, dans les réseaux auto-organises tels que les réseaux mobiles ad hoc et les réseaux pair-a-pair, de coordonner les actions des nœuds repartis de manière ad hoc de telle sorte que des décisions cohérentes peuvent être prises.

A la différence des réseaux traditionnels (i.e. câblés), où les processus ont connaissance de la topologie du réseau et de tous les autres participants, dans un environnement auto-organisé sans autorité centralisée, le nombre et l'identité des processus participants ne sont pas connus initialement. Cependant, même dans un environnement classique, quand les entités fonctionnent de manière asynchrone, le consensus ne peut être résolu si l'un des participants peut crasher [FLP85]. Dès lors, résoudre le consensus sans connaitre les participants est encore plus difficile.

Dans le présent chapitre, nous étudions les conditions qui permettent de résoudre le consensus et nous présenterons le protocole HCP [CRWY06] qui représente le premier protocole de résolution du consensus dans les réseaux ad hoc.

3.2 Le protocole HCP

Bien que des efforts aient été faits pour résoudre le problème du consensus dans les systèmes informatiques mobiles, tous les protocoles existants sont conçus pour les réseaux avec infrastructure, où chaque site mobile MH peut communiquer uniquement avec sa station de base locale MSS. Toutes les solutions décrites auparavant reposent sur l'aide des MSSs, le principe est de transférer la charge de travail des MHs aux MSSs. En MANET, cependant, il n'existe pas de MSSs et tous les travaux doivent être effectués par les différents MHs.

Le protocole décrit dans cette section est le premier protocole de consensus pour les MANET. Ce protocole est fondé sur le protocole versatile HMR [HMR02], il est basé sur les détecteurs de défaillances non fiables de Chandra et Toueg, et plus exactement sur ceux de la classe $\Diamond P$. Il est à supposer qu'au plus f hôtes (sites mobiles) peuvent se bloquer, où $f < n / 2$ (n est Le nombre total d'hôtes). Le paradigme du coordonnateur rotatif est adopté pour parvenir à un consensus. Pour réduire le coût des messages, une hiérarchie à deux couches a été introduite dans le protocole. Au moins $f + 1$ hôtes agissent comme des proxys et chaque hôte est associé à un hôte proxy. Un coordonnateur n'a besoin que d'envoyer un message de proposition à chaque hôte proxy et l'hôte proxy transmet la proposition à ses hôtes locaux. D'autre part, les messages d'écho provenant des hôtes locaux d'un hôte proxy sont fusionnés en un seul message et envoyé au coordonnateur, donc le coût des messages est significativement réduit. En outre, la hiérarchie peut améliorer l'évolutivité du protocole du consensus. Toutes ces caractéristiques rendent le protocole très convenable pour les MANET.

3.2.1 Modèle du système et définitions

Le problème du consensus est considéré dans un MANET qui consiste en un ensemble M de n MHs (avec $n > 1$), $M = \{m_1, m_2, \ldots, m_n\}$. Les MHs communiquent en envoyant et recevant des messages. Chaque paire de MHs est reliée par un fiable canal qui ne crée, duplique, change ou perd pas les messages. Un MH peut défaillir en crashant, c.-à-d. prématurément s'arrêter, mais il agit correctement jusqu'au crash. Le nombre maximum d'hôtes qui peuvent crasher, f, est borné par $n / 2$, c.-à-d. que $f < n / 2$. Le système est enrichi d'un détecteur de défaillance non fiable de la classe $\Diamond P$, qui a les propriétés suivantes :

✓ Complétude forte : Finalement, chaque hôte défaillant est suspecté de façon permanente par tous les processus correct.

✓ Précision inéluctablement forte : Après un certain temps, les hôtes corrects ne sont suspectés par aucun hôte correct.

3.2.2 Structures de données et notations

Les principales structures de données et les notations utilisées par un MH m_i sont listées ci-dessous :

fl_i : Le drapeau qui indique si m_i a fait la décision ou pas, la valeur initiale du drapeau est *false*.

r_i : Le numéro de la ronde courante où m_i a participé.

ph_i : Le numéro de la phase courante où m_i a participé.

est_i : L'estimation courante de la valeur de décision, elle est initialisée à la valeur proposée par m_i.

ts_i : L'horodateur de est_i, la valeur est le numéro de la ronde durant laquelle m_i reçoit le est_i proposée par l'hôte coordonnateur. La mise à jour de ts_i est entraînée par la réception d'estimation d'un coordonnateur.

3.2.3 Messages utilisés dans le protocole

Les messages utilisés dans le protocole sont classifiés comme suit :

$PROP(r, est_{cc})$: Le message de proposition envoyé du coordonnateur à tous les autres hôtes proxy et d'un proxy à ses hôtes locaux pendant la ronde r, est_{cc} est l'estimation courante gardée par le coordonnateur. Pour chaque ronde r, le coordonnateur essaye d'imposer est_{cc} comme décision finale par envoi de messages de proposition.

$ECHOL(r, est_i, ts_i)$: Le message d'écho envoyé par m_i à son hôte proxy local pendant la ronde r. est_i est l'estimation de m_i et ts_i est l'horodateur de est_i.

$ECHOG(r, v, ts_v, x, y)$: Le message d'écho envoyé par un hôte proxy à tous les autres hôtes proxy pendant la ronde r. $ECHOG(r, v, ts_v, x, y)$ est construit en fusionnant les messages $ECHOL$ de ses hôtes locaux, v est l'estimation porté par l'$ECHOL$ avec le plus haut horodateur et ts_v est l'horodateur de v, x est l'ensemble des hôtes qui envoient l'$ECHOL$ avec ts_v, y est l'ensemble des hôtes qui envoient $ECHOL$ avec d'autres horodateurs.

$LEAVE(r, sn)$: Le message informant envoyé au proxy local par un hôte qui veut se dissocier du courant proxy local, sn est le numéro de série pour distinguer les différents messages $LEAVE$ du même hôte.

$JOIN(r_i, sn)$: Le message envoyé par un hôte commun à son nouveau proxy pendant handoff, sn est le numéro de série pour distinguer les différents messages $JOIN$ du même hôte.

$DECISION(est)$: Le message diffusé par un hôte qui a pris la décision, est est la valeur de cette décision.

$PROPH(r, est_{cc})$: Identique à un message $PROP$ excepter que cette proposition est pour la procédure handoff.

3.2.4 Présentation du protocole

Une structure hiérarchique et logique à deux couches est imposée dans le réseau des MHs :

✓ *Couche proxy* : Consiste en un ensemble P de MHs qui agissent comme des hôtes proxy pour échanger des messages en provenance d'autres hôtes. Seulement les hôtes de l'ensemble P peuvent être les coordonnateurs. Pour garantir la terminaison du protocole, au moins un hôte correct est inclus. Ainsi, P contient au moins $f+1$ MHs.

✓ *Couche hôte* : Consiste en un ensemble M de tous les MHs, y compris ceux de P.

P peut être initialisé aléatoirement ou d'après quelques mesures, par exemple le niveau de charge et/ou le niveau de puissance d'un MH. Alors chaque hôte choisit le plus proche hôte non suspecté dans P comme son proxy. Un hôte dans P se choisit tous le temps. L'hôte qui est associé à un proxy est appelé "hôte local" de l'hôte proxy et également, le proxy est appelé "proxy local" de ses hôtes locaux.

Le protocole proposé se compose de quatre tâches. Nous décrirons d'abord la Tâche 1 (réalisant le consensus) et la Tâche 2 (diffusion fiable de la décision), qui correspondent aux deux tâches dans le protocole HMR respectivement. Le pseudo-code de Tâche 1 et Tâche 2 est montré dans la figure 3.1.

La tâche 1 consiste en deux phases, au début de la ronde r, le coordonnateur courant p_{cc} envoi $PROP(r, est_{cc})$ aux hôtes de l'ensemble P. Un proxy p attend le message de proposition de p_{cc}. Si le message $PROP(r, est_i)$ est reçu, p envoie le message à tous ses hôtes locaux ; autrement si p suspecte l'hôte p_{cc} avant la réception de $PROP(r, est_{cc})$, p envoie un message $PROP(r, \perp)$ à ses hôtes locaux, où "$\perp$" est une valeur qui ne peut jamais être proposée ou adoptée. Un hôte m_i attend jusqu'à ce qu'un message $PROP(r, -)$ soit reçu de son proxy local ou le proxy local soit suspecté. Le symbole "-" dans le message signifie n'importe qu'elle valeur possible. Si un message $PROP(r, v)$ avec $v \neq \perp$ est reçu, m_i met à jour sa valeur d'estimation à v et l'horodateur à r. Si le proxy local est suspecté, m_i invoque la procédure handoff, qui sera présenté plus tard. Ainsi, la Phase 1 est finie.

Dans la Phase 2, chaque hôte envoie d'abord un message d'écho, $ECHOL(r_i, est_i, ts_i)$ à son proxy local. Si l'hôte lui-même n'est pas un proxy, il entre dans la prochaine ronde $r + 1$. Chaque proxy attend un message $ECHOL(r, -, -)$ de chacun de ses hôtes locaux si l'hôte n'est pas suspecté. Puis chaque proxy construit un message d'écho par la fusion des messages $ECHOL(r, -, -)$ rassemblés. v est la valeur d'estimation portée par le message $ECHOL(r, -, -)$ avec le plus haut horodateur et ts_v est l'horodateur. x est l'ensemble des hôtes qui envoient les messages $ECHOL(r, -, -)$ avec ts_v. y est l'ensemble des hôtes qui envoient les messages $ECHOL(r, -, -)$ avec d'autres horodateurs. L'hôte proxy envoie alors le message d'écho, $ECHOG(r, v, ts_v, x, y)$ à tous les autres hôtes proxys.

----------------------- Tâche 1 : Consensus -----------------------
// Le code exécuté par chaque hôte, m_i
BEGIN :
(1) $r_i \leftarrow 0$; $est_i \leftarrow v_i$; $ts_i \leftarrow 0$; $fl_i \leftarrow false$;
(2) **while** $(fl_i \neq true)\{$
(3) $r_i \leftarrow r_i + 1$; $ph_i \leftarrow 1$;
        ---------- Phase 1 de la ronde r_i : de m_{cc} à tous les proxy ----------
        //Soit cc dénote $coord(r_i)$,
        //P dénote l'ensemble de proxys et p dénote le proxy local de m_i
(4)   **if**$(i = cc)$ envoyer $PROP(r_i, est_i)$ à P;
        if$(m_i \in P)$ {
(5)   **wait until** $(PROP(r_i, est_{cc})$ est reçu **or** $p_{cc} \in suspected_i)$;
(6)   **if**$(PROP(r_i, est_{cc})$ est reçu de $p_{cc})$
                diffuser $(PROP(r_i, est_{cc})$ localement;
(7)   **else** diffuser $(PROP(r_i, \perp)$ localement;
            //$\perp$ est une valeur qui ne peut pas être acceptée;
        }//endif
(8)   **wait until** $PROP(r_i, v)$ est reçu de p **or** p est suspecté;
(9)   **if**$(PROP(r_i, v)$ est reçu **and** $v \neq \perp)$ $\{est_i \leftarrow v$; $ts_i \leftarrow r_i;\}$
        --------------- Phase 2 de la ronde r_i : de tous à P ---------------
        $ph_i \leftarrow 2$;
(10)   envoyer $ECHOL(r_i, est_i, ts_i)$ à p;
        if$(m_i \in P)$ {
(11)   **wait for** $ECHOL(r_i, est_j, ts_j)$ de chaque hôte local m_j **or**
                $m_j \in suspected_i$;

(12)   fusionnez les messages $ECHOL\{$
                $ts_v \leftarrow$ le plus haut horodateur de tous les messages $ECHOL$;
                $v \leftarrow$ l'estimation de l'$ECHOL$ avec le plus haut horodateur;
                $x \leftarrow$ l'ensemble des hôtes qui envoient $ECHOL$ avec ts_v;
                $y \leftarrow$ l'ensemble des hôtes qui envoient d'autre $ECHOL$;
            }
(13)   envoyer $ECHOG(r, v, ts_v, x, y)$ à P;
(14)   **wait until** $((\cup_x \cup_y)$ de $ECHOG(r, v, ts_v, x, y)$ inclut au
                moins $n - f$ hôtes) **or** (un $ECHOG(-, -, >r_i, -, -)$ reçu);
(15)   **if**$(i \neq cc)$ $est_i \leftarrow$ le est reçu avec le plut haut ts;
(16)   **if**$(m_i \in P)$ $\wedge$(les messages $ECHOG$ avec $(ts = r = r_i)$ représentent
                au moins $(f + 1)$ hôtes)$\{$
                $fl_i \leftarrow true$;
(17) $\forall j \neq i$: envoyer $DECISION(est_i)$ à m_j;
            }//endif
        }//endif
    }//endwhile
    --------------------- Tâche 2 : Diffusion fiable ---------------------
(18) lors de la réception de $DECISION(est)$ du hôte m_k;
    $fl_i \leftarrow true$; $\forall j \neq i, k$: envoyer $DECISION(est)$ à m_j;
END

Figure 3.1 : Le protocole HCP (Tâche 1 et Tâche 2)

Chaque proxy attend les messages *ECHOG* des autres proxys : 1) Les messages *ECHOG*(r, -, -, -, -) reçus peuvent "représenter" pas moins de $(n - f)$ hôtes, ou 2) Un message *ECHOG*(-, -, ts_v, -, -) avec $ts_v > r$ est reçu. Ici, "représenter" signifie un hôte inclut dans l'ensemble x ou y du message *ECHOG*. Un proxy met à jour sa valeur d'estimation à la valeur portée par le message *ECHOG* avec le plut haut horodateur, mais l'horodateur n'est pas changé. Finalement, un hôte proxy vérifie s'il peut décider dans la ronde courante. S'il y a $(f + 1)$ hôtes ou plus dans les ensembles x des messages *ECHOG*(r, v, ts_v, x, y) avec $ts_v = r$, il peut prendre la décision et diffuser la valeur finale.

La Tâche 2 est le simple mécanisme de diffusion. Quand un hôte, qui n'a pas décidé, reçoit un message *DECISION*, il prend la décision et envoie le message *DECISION* à tous les autres hôtes excepté l'expéditeur.

Sans compter que les deux tâches correspondant aux tâches dans le protocole HMR, deux tâches additionnelles sont ajoutés dans le protocole HCP : handoff (transfert) et manipulation des messages *ECHOL* en retard. La figure 3.2 montre le pseudo-code de ces deux tâches.

La procédure handoff est invoquée quand un hôte m_i suspecte son proxy courant p ou p n'est plus le plus proche proxy. Soit q le nouveau proxy. D'abord, m_i envoie un message *LEAVE*(r_i, sn) à p et un message *JOIN*(r_i, sn) à q. Lors de la réception du message *LEAVE*, p efface m_i de la liste des hôtes locaux. Lors de la réception du message *JOIN*, p ajoute m_i à la liste des hôtes locaux. Si un message *PROP*(r_q, est_{cc}) a été reçu, q envoie le message *PROPH*(r_q, est_{cc}) à m_i ; sinon q envoie *PROPH*(r_q, $\perp$) à m_i. Lors de la réception du message *PROPH*(r_q, w) de q, les comportements des hôtes m_i peuvent être classifiés en trois cas :

1) $(r_i < r_q)$ **or** $(r_i = r_q, ph_i = 1)$: m_i met à jour le numéro de ronde à r_q et envoi le message *ECHOL*(rr, est_i, ts_i) à q où $ts_i \le rr < r_q$. Si $w \ne \perp$, m_i met son estimation à w et l'horodateur à r_q. m_i reprend alors l'exécution normale en entrant dans la phase 2 de la ronde r_q.

2) $(r_i > r_q, ph_i = 1)$: m_i envoi *ECHOL*(rr, est_i, ts_i) à q où $ts_i \le rr < r_i$ et puis reprend l'exécution normale en continuant la phase 1 de la ronde r_i.

3) $(r_i = r_q, ph_i = 2)$ **or** $(r_i > r_q, ph_i = 2)$: m_i envoi *ECHOL*(rr, est_i, ts_i) à q où $ts_i \le rr \le r_i$ et puis reprend l'exécution normale en entrant dans la prochaine ronde $r_i + 1$.

```
------------- Tâche 3 : Manipulation des ECHOL en retard -------------
// Le code exécuté par chaque proxy p;
while (fl_i ≠ true){
(19)   wait for ECHOL(r, v, ts) avec (r < r_i);
(20)   construire un ECHOG pour l'ECHOL et l'envoyer à P;
}//endwhile
------------------------- Tâche 4 : Handoff -------------------------
// Un hôte m_i a besoin de changer son proxy local p
--------- Tâche 4.1 : Code handoff exécuté par un hôte m_i ----------
(21)   while (fl_i ≠ true and (p ∈ suspected_i or p n'est pas le plus proche)) {
(22)       q ← le proxy correct le plus proche;
(23)       envoyer un LEAVE(r_i, sn) à p;
(24)       envoyer un JOIN(r_i, sn) à q;
(25)       wait until PROPH(r_q, v) est reçu or q ∈ suspected_i;
           if(PROPH(r_q, v) est reçu) {
               if(r_i < r_q){
(26)               r_i ← r_q;
(27)               for(ts_i ≤ rr < r_i) envoyer ECHOL(rr, est_i, ts_i) à q;
(28)               if(v ≠ ⊥) {est_i ← v; ts_i ← r_i;}
(29)               GOTO (10); //reprendre l'exécution normale;
           }else if(r_i = r_q) {
               if(ph_i = 1){
(30)               for(ts_i ≤ rr < r_i) envoyer ECHOL(rr, est_i, ts_i) à q;
(31)               if(v ≠ ⊥) {est_i ← v; ts_i ← r_i;}
(32)               GOTO (10); //reprendre l'exécution normale;
           }else if(ph_i = 2) {
(33)               for(ts_i ≤ rr ≤ r_i) envoyer ECHOL(rr, est_i, ts_i) à q;
(34)               r_i ← r_i + 1; GOTO (4); //reprendre l'exécution normale;}
           }else if(r_i > r_q) {
               if(ph_i = 1){
(35)               for(ts_i ≤ rr < r_i) envoyer ECHOL(rr, est_i, ts_i) à q;
(36)               GOTO (4); //reprendre l'exécution normale;}
           else if(ph_i = 2) {
(37)               for(ts_i ≤ rr ≤ r_i) envoyer ECHOL(rr, est_i, ts_i) à q;
(38)               r_i ← r_i + 1; GOTO (4); //reprendre l'exécution normale;}
           }//endif
       }//endif
   }//endwhile
--------Tâche 4.2 : Code handoff exécuté par un proxy p ----------
   while (fl_i ≠ true){
       Lors de la réception de LEAVE(r_i, sn) du hôte m_i {
(39)       effacer m_i de la liste des hôtes locaux;}
       Lors de la réception de JOIN(r, sn) du hôte m_i {
           ajouter m_i à la liste des hôtes locaux;
(40)       if(PROP(r_p, est_cc) est reçu de p_cc)
               envoyer PROPH(r_p, est_cc) à m_i;
(41)       else envoyer PROPH(r_p, ⊥) à m_i;}
   }//endwhile;
```

Figure 3.2 : Le protocole HCP (Tâche 3 et Tâche 4)

Une autre tâche ajoutée est la manipulation des messages *ECHOL* en retard. Un message *ECHOL* qui arrive à un proxy après que le proxy a envoyé un message *ECHOG* pour la ronde correspondante est un message *ECHOL* "en retard". Ceci se produit quand un proxy p suspecte un hôte local correct ou bien un hôte m_i se joint à un nouvel hôte proxy avec un numéro de ronde plus grand que le ts de m_i. Les hôtes de l'ensemble P peuvent être bloqués infiniment si un message *ECHOL* en retard est ignoré. Pour éviter ceci, quand un proxy p reçoit un message $ECHOL(r_i, est_i, ts_i)$ avec ($r_i < r_p$) ou ($r_i = r_p$ mais p a envoyé un message *ECHOG* pour la ronde r_i), p construit un *ECHOG* de rachat pour m_i et il l'envoie à tous les hôtes proxy.

3.3 Conclusion

Dans ce chapitre, nous avons présenté un protocole très important pour résoudre le problème du consensus dans les réseaux ad hoc. Ce protocole, appelé HCP, est très convenable pour les réseaux ad hoc car il se caractérise par une structure hiérarchique et logique à deux couches dans le réseau des hôtes mobiles. Cette hiérarchie permet de réduire significativement le coût dû au transfert de message sur le réseau en réduisant leur nombre.

Nous avons commencé par une discussion sur les conditions nécessaires pour résoudre le consensus en utilisant le protocole HCP (concernant le nombre total d'hôtes, le nombre d'hôtes défaillants ainsi que sur la classe des détecteurs de défaillance utilisés). Nous avons ensuite donné le modèle du système considéré. Nous avons également expliqué les structures de données, les notations et les différents messages utilisés. Nous avons décrits le pseudo-code des quatre tâches du protocole avec une présentation détaillée de chacune d'elles.

CHAPITRE **4**

SIMULATION DU PROTOCOLE HCP

4.1 Introduction

Après avoir décrit le protocole de consensus hiérarchique HCP implémentant les détecteurs de défaillances et présenté l'approche proposée dans [CRWY06], nous présentons une simulation de celle-ci en utilisant un simulateur que nous avons développé.

Ce chapitre a donc pour but de décrire le simulateur "HCP Simulator", cette application a été conçue pour simuler l'implémentation et la mise en œuvre du protocole présenté dans le chapitre précédent.

Pour des raisons diverses, nous n'avons pas implémenté le protocole HCP dans un réseau ad hoc réel, parmi celles-ci :

- La difficulté de réalisation du modèle du système à cause de l'indisponibilité des moyens nécessaires (un réseau ad hoc réel, des canaux fiables, etc.).
- La difficulté de vérification des hypothèses ajoutées au modèle du système telles que les hypothèses de synchronie et les conditions sur le nombre d'hôtes défaillants.
- Le manque d'information concernant l'implémentation des détecteurs de défaillances à utiliser.

4.2 Modèle du système

Le modèle du système considéré est le suivant :

- Un ensemble fini d'hôtes M, $M = \{m_1, m_2, \ldots, m_n\}$ (avec $n > 1$).
- Un hôte peut défaillir en crashant (prématurément s'arrêter).
- Le nombre maximum d'hôtes qui peuvent crasher est f, $f < n / 2$.
- Les hôtes communiquent en envoyant et recevant des messages.
- Les canaux de communication sont fiables.
- Le système est enrichi d'un détecteur de défaillance non fiable de la classe $\Diamond P$.

4.3 Principe du protocole à simuler

Le protocole se base sur les détecteurs de défaillances non fiables de Chandra et Toueg, et plus exactement sur ceux de la classe $\Diamond P$. Cet ensemble satisfait les propriétés de complétude forte et de précision inéluctablement forte. Le paradigme du coordonnateur rotatif est adopté pour parvenir à un consensus. Pour réduire le coût des messages, une hiérarchie à deux couches a été introduite dans le protocole. Au moins $f + 1$ hôtes agissent comme des proxys et chaque hôte est associé à un hôte proxy. Un coordonnateur n'a besoin que d'envoyer un message de proposition à chaque hôte proxy et l'hôte proxy transmet la proposition à ses hôtes locaux. D'autre part, les messages d'écho provenant des hôtes locaux d'un hôte proxy sont fusionnés en un seul message et envoyé au coordonnateur.

4.4 Le simulateur

4.4.1 Le matériel et les logiciels utilisés

L'équipement informatique utilisé pour réaliser ce simulateur est :

- Le hardware : Un micro ordinateur PC équipé d'un micro processeur Intel® Pentium® 4 d'une fréquence de 3.4 GHz (2 CPUs) et d'une mémoire RAM de 256 MB.
- Le software : Le PC qu'on a utilisé est équipé du système d'exploitation GNU/Linux, avec la distribution Kaella 2.1 (Knoppix Linux Azur) live CD. L'application est compilée en utilisant *gcc*, le compilateur C intégré dans Linux.

4.4.2 Les structures de données utilisées par le simulateur

Nous avons utilisé de simples variables entières pour représenter les simples structures de données comme le nombre total d'hôtes, le nombre maximum d'hôtes défaillants, le coordonnateur rotatif, le numéro de la ronde courante, le numéro de la phase courante, l'estimation courante de la valeur de décision, l'horodateur.

Pour les ensembles d'hôtes défaillants et de proxy, nous avons utilisé des vecteurs (tableaux à une dimension) du fait de la facilité de manipulation de telles structures.

La structure utilisée pour représenter les messages envoyés et reçus par les différents hôtes est 'msg', cette structure se compose des champs suivants :

type : Une chaîne de caractères indiquant le type du message.

rond : Un entier indiquant la ronde courante.

est : Un entier indiquant l'estimation portée par le message.

ts : Un entier indiquant l'horodateur de cette estimation.

emet : Une chaîne de caractères indiquant l'émetteur du message.

recept : Une chaîne de caractères indiquant le (ou les) récepteur (s) du message.

suiv : un pointeur de type vers la structure msg, qui donne le prochain message dans la file d'attente.

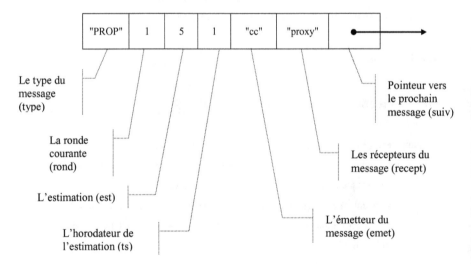

4.5 Présentation de l'application

L'application "HCP Simulator" peut être lancé a partir de n'importe quel terminal Linux, elle a une interface simple et facile à utiliser. Pour mieux expliquer son fonctionnement, on a pris un exemple d'exécution du simulateur.

Pour exécuter la simulation, on doit introduire le nombre total d'hôtes comme suit :

```
knoppix@2|hcp]$ HCPsimulator

Introduire le nombre total d'hôtes : 20
```

Le simulateur génère aléatoirement, selon la loi uniforme, le nombre d'hôtes défaillants en respectent le modèle du système ($f < n / 2$). Ensuite, il génère les numéros d'hôtes défaillants et les stock dans une structure de donnée de type tableau.

```
Le nombre d'hôtes défaillants est : 6

Les hôtes défaillants sont les suivants :
    19
    2
    4
    9
    13
    16
```

Comme on a besoin d'une couche proxy, le simulateur génère l'ensemble d'hôtes proxy qui doit être d'au moins f +1 hôtes avec au moins un hôte correct (non défaillants). Pour simplifier les choses, notre simulateur génère exactement f +1 hôtes proxy telles que le premier hôte de la liste est surement correct (n'appartient pas à la liste d'hôtes défaillants). La structure de donnée utilisée est aussi de type tableau.

```
Les hôtes proxy sont les suivants :
    3
    4
    10
    11
    13
    19
    12
```

Au début de la simulation, en entrant dans la première phase de la ronde, un coordonnateur est choisi aléatoirement parmi tous les hôtes proxy.

```
Début de la simulation ......................................

-------------- Phase 1 de la ronde 1 -------------

Le coordonnateur de la ronde 1 est l'hôte : 3
```

Le coordonnateur choisi envoie les messages *PROP* à tous les hôtes proxy.

```
 L'hôte coordonnateur envoie les messages PROP aux hôtes proxy

    Envoie du 1 ier  message PROP
    Envoie du 2 ième message PROP
    Envoie du 3 ième message PROP
    Envoie du 4 ième message PROP
    Envoie du 5 ième message PROP
    Envoie du 6 ième message PROP
```

Chaque hôte proxy attend un message *PROP* du coordonnateur. Après un certain temps fini, si le coordonnateur n'est suspecté par aucun des hôtes proxy, ces derniers reçoivent alors les messages envoyés par le coordonnateur.

```
Les hôtes proxy attendent la réception des messages envoyés par le coordonnateur

   Les hôtes proxy reçoivent les messages PROP du coordonnateur
```

L'étape suivante consiste en un envoie des messages *PROP* par les hôtes proxy à leurs hôtes locaux. Ces messages porteront la valeur d'estimation reçue du coordonnateur s'il n'est pas défaillant. Le cas échéant, l'estimation prendra une valeur non significative.

```
 Les hôtes proxy envoient les messages PROP à leurs hôtes locaux
 La valeur d'estimation proposée est : 4


   C'est l'hôte proxy 4 qui envoie les messages PROP à ses hôtes locaux
    Envoie du 1 ier  message PROP
    Envoie du 2 ième message PROP
    Envoie du 3 ième message PROP
    Envoie du 4 ième message PROP
```

48

```
C'est l'hôte proxy 10 qui envoie les messages PROP à ses hôtes locaux
    Envoie du 1 ier  message PROP
    Envoie du 2 ième message PROP

C'est l'hôte proxy 11 qui envoie les messages PROP à ses hôtes locaux
    Envoie du 1 ier  message PROP
    Envoie du 2 ième message PROP
    Envoie du 3 ième message PROP

C'est l'hôte proxy 13 qui envoie les messages PROP à ses hôtes locaux
    Envoie du 1 ier  message PROP
    Envoie du 2 ième message PROP
    Envoie du 3 ième message PROP

C'est l'hôte proxy 12 qui envoie les messages PROP à ses hôtes locaux
    Envoie du 1 ier  message PROP
```

Chaque hôte local attend, à son tour, un message *PROP* de son proxy local. Les hôtes locaux recevront les messages de leurs proxy locaux si ces derniers sont corrects, sinon les proxy défaillants sont affichés.

```
Les hôtes locaux attendent la réception des messages envoyés par leurs proxy

    Les hôtes locaux de l'hôte proxy 3 reçoivent les messages PROP
    L'hôte proxy 4 est défaillant
    Les hôtes locaux de l'hôte proxy 10 reçoivent les messages PROP
    Les hôtes locaux de l'hôte proxy 11 reçoivent les messages PROP
    L'hôte proxy 13 est défaillant
    L'hôte proxy 19 est défaillant
    Les hôtes locaux de l'hôte proxy 12 reçoivent les messages PROP
```

Dans la deuxième phase de la ronde, c'est le tour aux hôtes locaux d'envoyer des messages *ECHOL* à leurs proxy locaux. Pour des raisons de simplicité, On affiche les envoient de tous les hôtes locaux dans une seule liste.

```
            ------------ Phase 2 de la ronde 1 --------------


Les hôtes locaux envoient les messages ECHOL à leurs hôtes proxy
    Envoie du 1 ier  message ECHOL
    Envoie du 2 ième message ECHOL
    Envoie du 3 ième message ECHOL
    Envoie du 4 ième message ECHOL
    Envoie du 5 ième message ECHOL
    Envoie du 6 ième message ECHOL
    Envoie du 7 ième message ECHOL
    Envoie du 8 ième message ECHOL
    Envoie du 9 ième message ECHOL
    Envoie du 10 ième message ECHOL
    Envoie du 11 ième message ECHOL
    Envoie du 12 ième message ECHOL
```

Maintenant, chaque hôte proxy attend les messages de ses hôtes locaux.

```
Les hôtes proxy attendent la réception des messages envoyés par leurs hôtes locaux
```

Après un délai d'attente, les hôtes proxy reçoivent les massages provenant des hôtes locaux non défaillants. Le simulateur affiche le nombre total de messages *ECHOL* reçus ainsi que le nombre d'hôtes locaux défaillants.

```
Les hôtes proxy reçoivent les messages envoyés par les hôtes locaux non défaillants
Le nombre de messages reçus est : 10
Le nombre d'hôtes locaux défaillans est : 3
```

Au niveau des proxy, chacun fusionne les messages qu'il a reçu de ses hôtes locaux non défaillants pour construire un message *ECHOG*. Puis, chaque proxy envoie le message construit à tous les autres proxy.

```
Fusion des messages ECHOL reçus par chaque hôte proxy
Construction des messages ECHOG à envoyer

Les hôtes proxy s'envoient les messages ECHOG


...............................................Fin de simulation
knoppix@0[hcp]$
```

Chaque proxy attend les messages *ECHOG* des autres proxys, deux cas de figure se présentent :

- Les messages *ECHOG* reçus inclus au moins $n - f$ hôtes.
- Un message *ECHOG* provenant d'un hôte qui est déjà entré dans une autre ronde est reçu.

Finalement, un hôte proxy vérifie s'il peut décider dans la ronde courante. S'il y a $f + 1$ hôtes ou plus dans les messages *ECHOG* provenant des hôtes exécutants toujours la ronde courante, il peut prendre la décision et diffuser la valeur finale.

Du fait que notre application "HCP Simulator" est conçue juste pour simuler l'exécution d'une seule ronde du consensus, elle n'a pas illustré la dernière étape du protocole HCP concernant le traitement des messages *ECHOG* reçus par chaque proxy et venant des autres proxy.

4.6 Conclusion

Dans ce chapitre, nous avons présenté l'application "HCP Simulator", elle est conçue pour simuler l'implémentation et la mise en œuvre du protocole HCP présenté dans le chapitre précédent.

Cette application a été développée en langage C et compilée en utilisant *gcc*, le compilateur C intégré dans le système d'exploitation Linux. Elle simule l'exécution d'une ronde de la tâche consensus qui est la tâche principale dans le protocole HCP. La restriction de se simulateur à une seul ronde est due à la complexité du protocole HCP d'une part, et à la difficulté, voir l'impossibilité, de programmer ce protocole distribué dans un seul système centralisé et avec un tel langage non dédié à ce type d'applications.

CONCLUSION GÉNÉRALE

Tout au long de ce mémoire, notre objectif était d'étudier les systèmes distribués en générale et les réseaux ad hoc qui représentent une classe particulière de systèmes répartis, mais ayant ses caractéristiques et ses limitations qui font d'elle une plateforme et un pont très actif de la recherche récente.

Dans un premier temps, nous avons étudié les réseaux ad hoc. Nous avons commencé par une introduction au domaine des réseaux sans fil, puis une description complète des réseaux ad hoc qui sont des réseaux sans fil, sans infrastructures préexistante ou administration centralisée. Nous avons donné leurs différentes caractéristiques principales et limitations. Une grande partie du premier chapitre a été consacrée au routage dans ces réseaux, les protocoles les plus importants ont été mentionnés sans trop de détaille.

La deuxième partie concerne l'étude des systèmes distribués. Après une introduction à ce domaine très récent, nous avons décrit les modèles de systèmes distribués existants ainsi qu'une classe importante de problèmes dits d'accord. Sachant que tous ces problèmes se réduisent au problème du consensus qui est considéré comme un paradigme fondamental pour les calculs distribués tolérants aux fautes, l'accent a été mis sur l'étude de ce problème en considérant ses extensions, le résultat d'impossibilité de FLP et les différentes approches envisagées pour contourner cette impossibilité.

La troisième partie revient sur les réseaux ad hoc, mais en considérant le problème du consensus qui présente encore plus de difficultés à résoudre dans ces réseaux du fait de leurs caractéristiques particulières. Etant considéré comme le premier protocole de consensus dans les réseaux ad hoc, le protocole HCP proposé par RAYNAL et al. a été bien détaillé dans le troisième chapitre. C'est un protocole qui se base sur l'utilisation des détecteurs de défaillances non fiables de CHANDRA et TOUEG. Le choix a été porté sur ce protocole en raison de sa simplicité d'une part, et de sa convenance pour les réseaux ad hoc d'autre part.

En vue d'une meilleure illustration du fonctionnement du protocole HCP, nous avons consacré un quatrième chapitre pour simuler ce protocole. Nous avons, pour cela, construit un programme qu'on a appelé "HCP Simulator". D'abord, nous avons donné le modèle du système considéré, le matériel et les logiciels utilisés puis nous avons détaillé un scénario d'exécution de "HCP Simulator" en expliquant les étapes de déroulement de la simulation.

Perspectives

Bien évidemment, le travail réalisé reste exploratoire et n'est donc pas complet. Non seulement les travaux déjà effectués gagneraient à être complétés, mais nombreuses améliorations mériteraient d'être faites sur ces travaux.

Nous pouvons citer comme première perspective l'amélioration du protocole HCP en termes de minimisation des hypothèses que doit respecter le système pour l'exécuter fiablement, comme par exemple, le nombre d'hôtes défaillants et la classe de détecteurs de défaillances utilisée.

Comme deuxième perspective, une meilleure simulation que celle donné dans ce mémoire est aussi un travail très important à concevoir. L'élargissement de la simulation à plusieurs rondes pourra, par exemple, être un but à atteindre par un nouveau simulateur.

Bibliographie

[ACDS85]   AGHILI H., CRISTIAN F., DOLEV D. and STRONG R., *Atomic broadcast: from simple message diffusion to Byzantine agreement*, In Proceedings of the 15th International Symposium on Fault-Tolerant Computing (FTCS-15), 1985.

[ACJL03]   ADJIH C., CLAUSEN T., JACQUET P., LAOUITI A., MINET P., MUHLETALER P., QAYYUM A. and VIENNOT L., *Optimized Link State Routing Protocol*, IETF RFC 3626, October 2003.

[AHR02]   ANCEAUME E., HURFIN M. and RÄIPIN PARVÉDY P., *An efficient solution to the k-set agreement problem*, In Proceedings of the 4th European Dependable Computing Conference (EDCC-4), LNCS, Springer Verlag, 2002.

[AL04]   AL AGHA K. and LASSOUS I. G., *Réseaux sans fil et mobiles*, chap. « Réseaux ad hoc », Editions Hermes Sciences, France, 2004.

[AM02]   ANCEAUME E. and MOURGAYA E., *Unreliable distributed timing scrutinizer: Adapting asynchronous algorithms to the environment*, In Proceedings Of the 5th IEEE International Symposium on Object-Oriented Real-time distributed Computing (ISORC 2002), 2002.

[AT98]   AGUILERA M. K. and TOUEG S., *Failure detection and randomization: a hybrid approach to solve consensus*, SIAM Journal of Computing, 1998.

[AT99]   AGUILERA M. K. and TOUEG S., *A simple bivalency proof that t-resilient consensus requires t + 1 rounds*, In Information Processing Letters 71, 1999.

Bibliographie

[BDP03]   BELDING ROYER E., DAS S. R. and PERKINS C., *Ad hoc On-Demand Distance Vector (AODV) Routing*, IETF RFC 3561, July 2003.

[BEN83]   BEN OR M., *Another advantage of free choice: Completely asynchronous agreement protocols*, In Proceedings of the 2nd ACM Symposium on Principles Of Distributed Computing (PODC'83), 1983.

[BER01]   BERTIER M., *Les Détecteurs de Défaillances*, Rapport Bibliographique, DEA Systèmes Informatiques Répartis, Université Pierre & Marie CURIE – Paris VI, Mai 2001.

[BG93]   BOROWSKY E. and GAFNI E., *Generalized flp impossibility results for t-resilient asynchronous computations*, In Proceedings of the 25th ACM Symposium on Theory of Computation, 1993.

[BGP92]   BERMAN P., GARAY J. A. and PERRY K. J., *Optimal early stopping in distributed consensus*, In Proceedings of the 6th International Workshop on Distributed Algorithms (WDAG'92), LNCS, Springer Verlag, 1992.

[BGMR01]   BRASILIERO F., GREVE F., MOSTÉFAOUI A. and RAYNAL M., *Consensus in one communication step*, In Proceedings of the 6th International Conference on Parallel Computing Technologies (PACT'01), number 2127, LNCS, Springer Verlag, 2001.

[BHM99]   BADACHE N., HURFIN M. and MACCEDO R., *Solving the consensus problem in a mobile environment*, In Proceedings of the 1999 IEEE International Performance, Computing and Communication Conference (IPCCC'99), Phoenix, USA, February 1999.

[CHA90]   CHAUDHURI S., *Agreement is harder than consensus: Set consensus problems in totally asynchronous systems*, In Proceedings of the 9th ACM Symposium on Principles Of Distributed Computing (PODC'90), 1990.

[CHA93]   CHAUDHURI S., *More Choices allow more faults: Set consensus problems in totally asynchronous systems*, Information and Computation, 1993.

Bibliographie

[CS00]   CHARRON-BOST B. and SCHIPER A., *Uniform consensus is harder than consensus (extended abstract)*, Technical Report DSC/2000/028, EPFL, 2000.

[CF99]   CRISTIAN F. and FETZER C., *The timed asynchronous distributed system model*, In IEEE, Transactions on parallel and Distributed Systems, 1999.

[CHT96]   CHANDRA T., HADZILACOS V. and TOUEG S., *The weakest failure detectors for solving consensus*, Journal of ACM, July 1996.

[CM99]   CORSON S. and MACKER J., *Mobile Ad hoc Networking (MANET)*, RFC 2501, IETF, 1999.

[CRWY06]   CAO J., RAYNAL M., WU W. and YANG J., *A Hierarchical Consensus Protocol for Mobile Ad Hoc Networks*, In Proceedings of the 14th Euromicro International Conference on Parallel, Distributed, and Network-Based Processing (PDP'06), IEEE, 2006.

[CT96]   CHANDRA T. D. and TOUEG S., *Unreliable failure detectors for reliable distributed systems*, Journal of ACM, March 1996.

[DDS87]   DOLEV D., DWORK C. and STOCKMEYER L., On *the minimal synchronism needed for distributed consensus*, Journal of the ACM, January 1987.

[DEL01]   DELPORTE GALLET C., *Sur l'Algorithmique Distribuée Tolérante aux Pannes*, Habilitation à diriger des recherches, Université Paris VII, 2001.

[DFKM97]   DOLEV D., FRIEDMAN R., KEIDAR I. and MALKHI D., *Failure detectors in omission failure environments*, In Symposium on Principles of Distributed Computing, 1997.

[DGGNT01]   DUPONT F., GAYRAUD V., GOMBAUT S., NUAYMI L. and THARON B., *La sécurité dans les réseaux sans fil ad-hoc*, ENST, Bretagne, 2001.

[DLS88]   DWORK C., LYNCH N. and STOCKMEYER L., *Consensus in the presence of partial synchrony*, Journal of the ACM, April 1988.

Bibliographie

[DRS90]   DOLEV D., REISCHUK R. and STRONG R., *Early stopping in byzantine agreement*, Journal of ACM, 1990.

[DS98]   DOUDOU A. and SCHIPER A., *Le consensus vectoriel : une nouvelle spécification du problème du consensus dans un modèle Byzantin*, RenPar'10, Strasbourg, Juin 1998.

[FIS83]   FISCHER M. J., *The consensus problem in unreliable distributed systems*, In Proceedings of the International Conference on Foundations of Computations Theory, Borgholm, Sweden, 1983.

[FL82]   FISCHER M. J. and LYNCH N. A., *A lower bound for the time to assure interactive consistency*, In Information Processing Letters, 1982.

[FLP85]   FISCHER M. J., LYNCH N. A. and PATERSON M. S., *Impossibility of distributed consensus with one faulty process*, Journal of the ACM, April 1985.

[GNY98]   GAFNI E., NEIGER G. and YANG J., *Structured derivations of consensus algorithms for failure detectors*, In Proceedings of the 17th ACM Symposium on Principles Of Distributed Computing (PODC'98), 1998.

[GS96]   GUERRAOUI R. and SCHIPER A., *Consensus Service: A Modular Approach For Building Fault-Tolerant Agreement Protocols in Distributed Systems*, In Proceedings of the 26th International Symposium on Fault-Tolerant Computing (FTCS-26), Sendai, Japan, June 1996.

[GSTC90]   GOPAL A., STRONG R., TOUEG S. and CRISTIAN F., *Early-delivery atomic broadcast*, In Proceedings of 9th ACM Symposium on Principles Of Distributed Computing (PODC'90), August 1990.

[HMR02]   HURFIN M., MOSTÉFAOUI A. and RAYNAL M., *A versatile family of consensus protocols based on chandra-toueg's unreliable failure detectors*, In IEEE Transactions on Computers, April 2002.

[HP97]   HAAS Z. J. and PEARLMAN M. R., *The zone routing protocol (zrp) for ad hoc networks*, November 1997.

[HR99]   HURFIN M. and RAYNAL M., *A simple and fast asynchronous consensus protocol based on a weak failure detector*, In Distributed Computing, 1999.

[HS93]   HERLIHY M. and SHAVIT N., *The asynchronous computability theorem for t-resilient tasks*, In Proceedings of the 25th ACM Symposium on Theory of Computation, 1993.

[HT93]   HADZILACOS V. and TOUEG S., *Reliable broadcast and related problems*, In Distributed Systems, Journal of ACM, 1993.

[JP03]   JOUGA B. and PERCHER J., *Détection d'intrusions dans les réseaux ad hoc*, Rapport de recherche, ESEO / Supélec, France, 2003.

[JT87]   JUBIN J. and TORNOW J.D., *The DARPA Packet radio Network Protocols*, Proceedings of the IEEE, January 1987.

[KR03]   KEIDAR I. and RAJSBAUM S., *A simple proof of the uniform consensus synchronous lower bound*, In Information Processing Letters, 2003.

[LAO02]   LAOUITI A., *Unicast et Multicast dans les réseaux Ad Hoc*, Thèse de Doctorat, Juillet 2002.

[LAP90]   LAPRIE J. C., *Dependability: Basic concepts and associated terminology*, Technical report, LAAS-CNRS, ESPIRIT Project 3092, 1990.

[LES04]   LESSUISSE A., *Simulation d'un réseau sans fil ad-hoc et réalisation de l'algorithme de routage AODV pour IPv6*, Mémoire d'Ingéniorat, Université Catholique de Louvain, 2004.

[LMT99]   LI J., MINGLIANG J. and TAY Y. C., *Cluster based routing protocol*, IETF Draft,http://www.ietf.org/internet-drafts/draft-ietf-manet-cbrp-spec-01.txt, August 1999.

[LPS80]   LAMPORT L., PEASE M. and SHOSTAK R., *Reaching agreement in the presence of faults*, Journal of ACM, April 1980.

Bibliographie

[LPS81]   LAMPORT L., PEASE M. and SHOSTAK R., *Reaching agreement in the presence of faults*, Journal of the ACM, 1981.

[LPS82]   LAMPORT L., PEASE M. and SHOSTAK R., *The byzantine general problem*, In ACM Transactions on Programming Languages and Systems, July 1982.

[LRR03]   LE FESSANT F., RÄIPIN PARVÉDY P. and RAYNAL M., *Early decision despite general process omission failures*, In Proceedings of the 22nd Symposium on Principles Of Distributed Computing (PODC'03), ACM Press, 2003.

[MAL96]   MALLOTH C., *Conception and Implementation of a Toolkit for Building Fault-Tolerant Distributed Applications in Large Scale Networks*, PhD thesis, Polytechnique Federal School of Lausanne, Switzerland, 1996.

[MMRR03]   MOSTÉFAOUI A., MOURGAYA E., RÄIPIN PAREVÉDY P. and RAYNAL M., *Evaluating the condition-based approach to solve consensus*, In Proceedings of the International Conference on Dependable Systems and Networks (DSN'03), San Francisco, CA, IEEE, July 2003.

[MMT08]   MOUMEN H., MOSTÉFAOUI A. and TRÉDAN G., *Byzantine Consensus with Few Synchronous Links*, 11th International Conference On Principles Of Distributed Systems, December 17-20, 2007, Guadeloupe, French West Indies, to appear in LNCS, Springer Verlag, 2008.

[MR99a]   MOSTÉFAOUI A. and RAYNAL M., *Unreliable failure detectors with limited scope accuracy and an application to consensus*, In Proceedings of the 19th International Conference on Foundations of Software Technology and Theoretical Computer Science (FST&TCS'99), LNCS, Springer Verlag, December 1999.

[MR99b]   MOSTÉFAOUI A. and RAYNAL M., *Solving consensus using chandra-toueg's unreliable failure detectors: a general quorum based approach*, In Proceedings of the 13th International Symposium on DIStributed

Computing (DISC'01), LNCS, Springer Verlag, 1999.

[MR00a] MOSTÉFAOUI A. and RAYNAL M., *k-set agreement with limited accuracy failure detectors*, In Proceedings of the 19th ACM Symposium on Principles Of Distributed Computing (PODC'00), 2000.

[MR00b] MOSTÉFAOUI A. and RAYNAL M., *Consensus based on failure detectors with a perpetual weak accuracy property*, In Proceedings of the International Parallel and Distributed Processing Symposium(IPDPS'2k), 2000.

[MRR01] MOSTÉFAOUI A, RAJSBAUM S. and RAYNAL M., *Conditions on input vectors for consensus solvability in asynchronous distributed systems*, In Proceedings of the 33rd ACM Symposium on Theory Of Computation (STOC'01), ACM Press, Greece, July 2001.

[MRR02a] MOSTÉFAOUI A., RAJSBAUM S. and RAYNAL M., *A versatile and modular consensus protocol*, In Proceedings of the 2002 International Conference on Dependable Systems and Networks (DSN'02), IEEE, 2002.

[MRR02b] MOSTÉFAOUI A., RAJSBAUM S. and RAYNAL M., *Asynchronous interactive consistency and its relation with error-correcting codes*, Technical Report 1455, IRISA, 2002.

[MRR05] MOSTÉFAOUI A., RAJSBAUM S. and RAYNAL M., *The combined power of conditions and information on failures to solve Asynchronous Set Agreement*, Technical Report 1688, IRISA, University of Rennes, France, 2005.

[MRRR01a] MOSTÉFAOUI A, RAJSBAUM S., RAYNAL M. and ROY M., *Efficient condition-based consensus*, In Proceedings of the 8th Int. Colloquium on Structural Information and Communication Complexity (SIROCCO'01), Carleton University, Press, 2001.

[MRRR01b] MOSTÉFAOUI A., RAJSBAUM S., RAYNAL M. and ROY M., *A hierarchy of conditions for consensus solvability*, In Proceedings of the 20th ACM Symposium on Principles Of Distributed Computing (PODC'01), Newport, RI, ACM Press, 2001.

[MRRR02]   MOSTÉFAOUI A., RAJSBAUM S., RAYNAL M. and ROY M., *Condition-based protocols for set agreement problems*, In Proceedings of the 16th International Symposium on DIStributed Computing (DISC'02), 2002.

[MRT00a]   MOSTÉFAOUI A, RAYNAL M. and TRONEL F., *The best of both worlds: a hybrid approach to solve consensus*, In Proceedings of the International Conference on Dependable Systems and Networks (FTCS/DCCA), New York, IEEE, June 2000.

[MRT00b]   MOSTÉFAOUI A, RAYNAL M. and TRONEL F., *From binary consensus to multivalued consensus in asynchronous message-passing systems*, In Information Processing Letters 73, 2000.

[PON91]   PONZIO S., *Consensus in the presence of timing Uncertainty: omission and byzantine failures*, In Proceedings of the ACM Symposium on Principles Of Distributed Computing (PODC'91), 1991.

[PT86]   PERRY K. J. and TOUEG S., *Distributed agreement in the presence of processor and communication faults*, IEEE Transactions of Software Engineering, 1986.

[RAY02]   RAYNAL M., *Consensus in synchronous systems: a concise guided tour*, In Proceedings of the IEEE Pacific Rim International Symposium on Dependable Computing (PRDC'02), IEEE, 2002.

[RR03]   RÄIPIN PARVÉDY P. and RAYNAL M., *Uniform agreement despite process omission failures*, In Proceedings of the IEEE IPDPS Workshop on Fault-Tolerant Parallel and Distributed Systems (FTPDS'03), IEEE, 2003.

[RR04]   RÄIPIN PARVÉDY P. and RAYNAL M., *Optimal early stopping uniform consensus in synchronous system with process omission failures*, In Proceedings of the 16th ACM Symposium on Parallelism in Algorithms and Architectures (SPAA'04), ACM Press, 2004.

[SCH90]   SCHNEIDER F. B., *Implementing Fault Tolerant Services Using the State Machine Approach*, A Tutorial, ACM Computing Surveys, December 1990.

[SCH97]   SCHIPER A., *Early consensus in an asynchronous system with a detector*, In Distributed Computing, 1997.

[SM95]   SABEL L. and MARZULLO K., *Election Vs. Consensus in Asynchronous Systems*, Technical Report TR95-1488, Cornell University, 1995 (Also, Technical Report CS95-411, UCSD, 1995).

[SZ93]   SAKS M. and ZAHAROGLOU F., *Wait-free k-set agreement is impossible: the topology of public knowledge*, In Proceedings of the 25th ACM Symposium on Theory of Computation, 1993.

Une maison d'édition scientifique

vous propose

la publication gratuite

de vos articles, de vos travaux de fin d'études, de vos mémoires de master, de vos thèses ainsi que de vos monographies scientifiques.

Vous êtes l'auteur d'une thèse exigeante sur le plan du contenu comme de la forme et vous êtes intéressé par l'édition rémunérée de vos travaux? Alors envoyez-nous un email avec quelques informations sur vous et vos recherches à: info@editions-ue.com.

Notre service d'édition vous contactera dans les plus brefs délais.

Éditions universitaires européennes
est une marque déposée de
Südwestdeutscher Verlag für
Hochschulschriften GmbH & Co. KG
Dudweiler Landstraße 99
66123 Sarrebruck
Allemagne

Téléphone : +49 (0) 681 37 20 271-1
Fax : +49 (0) 681 37 20 271-0
Email : info[at]editions-ue.com
www.editions-ue.com